Diesem Letzten

Vier Aufsätze über die wichtigsten Prinzipien der Volkswirtschaft

John Ruskin

8. Februar 1819
20. Januar 1900

Shri Mataji Nirmala Devi

Für Ihre Inspiration und Unterstützung

21.03.1923
23.02.2011

Diesem Letzten

Vier Aufsätze über die wichtigsten Prinzipien der Volkswirtschaft

von

John Ruskin

1860

Neu übertragen aus dem Englischen

von

Uwe David

2011

Originaltitel

Unto This Last

Four Essays on the First Principles of Political Economy

Bibliografische Information der Deutschen Nationalbibliothek

Die Deutsche Nationalbibliothek verzeichnet diese Publikation in der Deutschen Nationalbibliografie; detaillierte bibliografische Daten sind im Internet über http://dnb.d-nb.de abrufbar.

Herstellung und Verlag: Books on Demand GmbH, Norderstedt
ISBN: 978-3-7392-0273-0

Inhaltsverzeichnis

Vorwort zur deutschen Ausgabe

Wenn die Kunst zu Leben gelernt wird, wird man feststellen, dass alle schönen Dinge auch notwendige sind, die wilde Blume am Wegrand genauso wie das angebaute Getreide, die wilden Vögel und Tiere des Waldes genauso wie das Vieh im Stall. „Denn der Mensch lebt nicht nur vom Brot", sondern auch vom Manna der Wüste und jedem wunderbaren und unergründlichen Werk Gottes. Im Glück erkannte er sie darin genau so wenig wie seine Väter. Auch sah er nicht, dass um ihn herum das Staunen über seine Existenz noch bis ins Unendliche reicht.

John Ruskin, Unto This Last[1]

Was wir von John Ruskin in seinen vier Aufsätzen zu den wichtigsten Prinzipien der Volkswirtschaft zu lesen bekommen, erstaunt uns in vielerlei Hinsicht und kommt uns an vielen Stellen seltsam bekannt vor. Obwohl schon vor ziemlich genau 150 Jahren zu Beginn der Industriellen Revolution in England geschrieben, fällt es fast an jeder Stelle der Lektüre leicht, Parallelen zu heutigen Konstellationen und Hintergründen des wirtschaftlichen und politischen Lebens kapitalistisch (und vielleicht auch anders) orientierter Volkswirtschaften zu ziehen. Die Aktualität, Einfachheit und Nachvollziehbarkeit von Ruskins Thesen und Analysen sind somit auch wesentliche Gründe, mehr als 100 Jahre nach Anna von Przychowskis erster Übersetzung von 1902, eine neue vorzulegen, um damit dieses im deutschen Sprachraum leider relativ unbekannte und kritische Meisterwerk der ersten Stunden der so genannten οικονομια[2] der heutigen Leserschaft wieder näher zu bringen. Es scheint, dass volkswirtschaftliche oder allgemein wirtschaftliche und damit verbundene ökologische und soziale Probleme, die uns zu Beginn des 21. Jahrhunderts vor Augen geführt werden, in vielerlei Hinsicht keineswegs so neu sind, wie wir vielleicht annehmen. Bei und nach der Lektüre bekommt man einmal mehr den starken Eindruck, dass sie eigentlich schon so

---

[1] s. S. 126
[2] gr. = *Oikonomia* = „Haushaltsgesetz, -ordnung oder -management"

alt sind, wie die Anfänge der „modernen" Ökonomie selbst und dass die Ursachen heute sehr deutlich zu Tage tretender Missstände bereits zu Beginn der Entwicklung der so genannten ökonomischen Wissenschaften inhärent angelegt wurden.

Der Prozess wirtschaftlicher und politischer Globalisierung ist 115 Jahre nach Ruskins Tod weit fortgeschritten. Die Welt hat das Ende kommunistischer und planwirtschaftlicher Strukturen erlebt, die sich in bestimmten Beziehungen offensichtlich als untauglich erwiesen haben. Doch auch der Kapitalismus erlebt nicht seine erste Krise.

Ohne die kommunistische Wirtschaftsweise als Alternative zu propagieren, stellt Ruskin essentielle Elemente des kapitalistischen Ansatzes auf seine spezielle Weise in Frage und zeigt, dass das in der Wissenschaft der so genannten Nationalökonomie angelegte Diktat der mehr oder weniger rücksichtslosen Gewinnmaximierung notwendigerweise zu Fehlentwicklungen führen muss. Allein auf die Mehrung von Reichtümern und auch damit verbundener Macht in den Händen einzelner ausgerichtet, bleibt oft das auf der Strecke, was wohl eines der wichtigsten Anliegen Ruskins war, nämlich die Redlichkeit im Geschäfts- und Arbeitsleben, und das nicht nur auf der Arbeitgeber- sondern auch auf der Arbeitnehmerseite. Diverse Arten der Korruption sowohl auf der Führungsebene als auch bei den Mitarbeitern sind einige Auswüchse dieses Mangels an Aufrichtigkeit, und Phänomene wie „Gammelfleisch", wie wir es heute nennen würden, oder allgemein soziale und ökologische Rücksichtslosigkeiten extrem gewinnorientierter Produktionsprozesse bzw. Produzenten gehören genauso dazu. Auch Ruskins Feststellung, dass aus Sicht mancher Produzenten Waren offenbar nur hergestellt werden, um verkauft statt verbraucht zu werden, kommt uns sehr bekannt vor – doch genauso seine Forderung nach einem „mündigen Verbraucher": „Und kluger Konsum ist eine weit schwierigere Kunst als eine kluge Produktion."[3] Seine Folgerung, dass der Wohlstand einer Nation nur daran bemessen wird, was sie konsumiert, hat durchaus Leitsatzcharakter.[4]

Betrachtet man damalige und heutige wirtschaftliche Fehlentwicklungen genauer, so lassen sie sich in vielen Fällen auf relativ ein-

---

[3] s. S. 112
[4] s. S. 112, 116

fache Ursachen zurückführen, deren Wurzeln offensichtlich bis zu den weniger entwickelten Teilen des menschlichen Gemüts, genauer gesagt bis zu seinen Schwächen zurückverfolgt werden können. Gäbe es kein Streben nach immer mehr Anhäufung von Luxus oder keinen rücksichtslosen und verschwenderischen Umgang mit wertvollen und begrenzten Ressourcen, so könnte bereits vielen der ökologischen Probleme wirksam begegnet werden. Gäbe es keine Ausbeutung von billigen Arbeitskräften in landeseigenen Produktionsprozessen oder am einen Ende der Welt zugunsten des Wohlstandes am anderen Ende, so könnte ein Großteil sozialer Spannungen, die sich aus dem Gefälle zwischen Arm und Reich ergeben, abgebaut werden bzw. würden gar nicht erst entstehen. Und gäbe es keine Trägheit, Bequemlichkeit und exklusive Interessen einzelner oder weniger, so wären sicherlich bereits viele sinnvolle Vorschläge zur Beseitigung von Missständen umgesetzt worden.

Möchte man das Bild nicht ganz so düster malen, kann man etwas tröstend sagen, dass heute die eine oder andere von Ruskins Forderungen umgesetzt wurde, und obwohl kapitalistische Wirtschaftssysteme in den meisten Ländern die Bühne ökonomischer Handlung gestalten, wird sie – mancherorts – auch von mehr oder weniger starkem sozialen Engagement und sensibilisiertem ökologischen Bewusstsein modifiziert. In Indien wurden z. B. durch Gandhis Einfluss die von Ruskin vorgeschlagenen Regierungsläden in Form der so genannten Gandhi-Shops umgesetzt. Dort kann man qualitativ gute Waren kaufen, ohne willkürlicher privatwirtschaftlicher Preistreiberei oder Betrug ausgesetzt zu sein. Auch das Wort „Lohngleichheit" und der Schutz vor Entlassung ist zumindest nicht mehr überall ein völliges Fremdwort. Und die Existenz, der Gebrauch und die zumindest teilweise Umsetzung des strapazierten Begriffs „Nachhaltigkeit" scheinen auch die von Ruskin formulierte Erkenntnis widerzuspiegeln, dass private und öffentliche Ökonomie auf Dauer nur funktionieren können, wenn sie innerhalb gewisser Grenzen agieren, die weniger von kurzfristigen und eigennützigen Gewinnmaximierungen bestimmt sein dürften, als von Regeln, die moralischem und ethischem Kontext entnommen werden müssen.

Ergänzend kann man an dieser Stelle sicherlich anführen, dass, obwohl von ihm selbst nicht ausdrücklich erklärt, auch Ruskins Forderungen nach den o. g. staatlichen Verkaufsstellen und/oder

Ausbildungseinrichtungen sicherlich nur sinnvoll sind, wenn dabei sowohl die Regierung selbst wie auch ihre Einrichtungen seinen moralischen und ethischen Standards entsprechen.

Ruskins Feststellungen und Schlussfolgerungen sind, wie er selbst schreibt, nicht unbedingt neu. Doch er zeigt anhand konkreter Beispiele die Schwächen in den Theorien der großen Ikonen kapitalistisch geprägter Volkswirtschaften wie Adam Smith, John Stuart Mill oder David Ricardo auf. Er beschreibt sie so deutlich und radikal, dass es bei seiner damaligen Leserschaft zu einem Aufschrei der Entrüstung kam und wahrscheinlich wird es bei einem Großteil der heutigen auch wieder dazu kommen.

In seiner Kritik der Anfänge kapitalistischer Wirtschaftsweisen stellt Ruskin alle substanziellen Begriffe wie Armut und Reichtum, Wert, Lohn, Nützlichkeit, Preis, Produktion, Qualität, Quantität, Angebot und Nachfrage, Arbeitslosigkeit, die soziale Frage und, all dem übergeordnet, die Bedeutung von Gerechtigkeit im Handel auf den Prüfstand. Er betrachtet akribisch das wichtige Verhältnis zwischen Arbeitgeber und Arbeitnehmer bzw. zwischen Auftraggeber und Kunde. Modern ausgedrückt gehört zu seinen wesentlichen Forderungen, wie bereits gesagt, der Ruf nach einer sozialen, ökologischen, aber v. a. moralischen Orientierung einer wahren Volkswirtschaft, die letztlich die Produktion von Lebensqualität der Allgemeinheit und, damit einhergehend, von qualitativ hochwertigen, mündigen und selbstbestimmten Seelen zum Ziel hat und nicht die Mehrung materieller Reichtümer oder von Macht in den Händen einzelner.

Nach dieser kurzen Vorschau auf Ruskins Werk soll es nun dem Leser überlassen bleiben, weitere Parallelen zum Heute zu ziehen und auch das Urteil darüber, inwieweit Ruskins vorgeschlagene Heilmittel für den Patient Ökonomie sich als tauglich erweisen können, insbesondere, was seine Kernaussage angeht, die er aus dem biblischen Gleichnis der Entlohnung der Arbeiter im Weinberg ableitet. Eine interessante Stellungnahme dazu lautet z. B.:

Was ist Gerechtigkeit? Wie sieht gerechter Lohn für die Arbeit aus? Jesus erzählt ein Gleichnis von einigen Arbeitern im Weinberg: Diejenigen, die nur wenige Stunden gearbeitet haben, bekommen vom Weinbergbesitzer den gleichen Lohn wie diejenigen, die den ganzen Tag gear-

beitet haben. Das heißt dann wohl für Gottes Vorstellung von einem gerechten Lohn: Jeder bekommt das, was er braucht – unabhängig davon wie lange er gearbeitet hat. Gerechtigkeit bemisst sich dann also mehr an den Bedürfnissen, als an der Leistung.

Betrifft das jetzt nur geistliche Zusammenhänge, oder kann man das auch auf unsere moderne "Leistungsgesellschaft" übertragen? Gerechter Lohn heißt nicht, dass man nach Leistung bezahlt wird, sondern dass jeder das Gleiche bekommt? Das klingt irgendwie sehr nach Kommunismus – und das ging ja gründlich schief ... Aber es gibt auch andere Modelle, die in diese Richtung gehen: Z. B. ein bedingungsloses Grundeinkommen, das vom Staat finanziert wird. Warum eigentlich nicht? Damit wären wir sehr viel näher an den Gerechtigkeitsvorstellungen dieses komischen Weinbergbesitzers dran ...[i]

Im Gleichnis besteht die Entlohnung im Zugang zum Reich Gottes. Dieser wird entsprechend der Vereinbarung gewährt, wobei es offensichtlich keine Rolle spielt, wie lange dafür gearbeitet wurde, getreu dem Motto: „Also werden die Letzten die Ersten und die Ersten die Letzten sein. Denn viele sind berufen, aber wenige auserwählt.".[5] Nun wäre konsequenterweise zu fragen, ob man diese himmlische Entlohnung nun so einfach auf irdische bzw. materielle Verhältnisse übertragen darf?

Vielleicht hilft es bei der Beantwortung dieser Frage, wenn man sich den möglichen Zugang zum Himmelreich einmal etwas genauer ansieht. Hierzu möchte ich aber auf das Nachwort zu dieser deutschen Ausgabe verweisen.

[5 s. u. a. Matthäus 20:16]

Anmerkungen zur Übersetzung

Die Motive für die erneute Übersetzung von Ruskins *Unto This Last* wurden im Vorwort zur deutschen Ausgabe bereits dargelegt. Ergänzend dazu kann man anführen, dass nach über 100 Jahren natürlich eine Veränderung des Sprachgebrauchs statt gefunden hat, die ebenso eine Neuübersetzung rechtfertigt. Trotz der großen Bedeutung und Popularität dieses und anderer Werke Ruskins im englischen Sprachraum, ist es im deutschen relativ unbekannt, was sich wohl auch dadurch ausdrückt, dass neben der ersten Übersetzung von Anna von Przychowski, die 1902 im Rahmen einer Gesamtausgabe von Ruskins Werken im Diederichs Verlag erschien, offensichtlich keine weitere und vollständige deutschsprachige verwendet wird.

Zur praktischen Ausführung der Übertragung ist zu sagen, dass sie zum einen auf der in 2000 erschienen Faksimile-Ausgabe aus der Reihe des so genannten *Pocket*-Ruskin[ii] anlässlich seines 100-jährigen Todestags und auf der im Band 17 der *Library Edition* von Cook and Wedderburn 1905[iii] herausgegebenen Fassung von *Unto This Last* beruht. Beide Ausgaben wurden vom Direktor der Ruskin Library und des Research Centre[6], Professor Stephen Wildman, als authentische Grundlagen bestätigt.

Die sprachlichen und formativen (Fußnotennummerierung, Textformate) Vorgaben des Originals wurden fast alle in die deutsche Übersetzung übernommen. Lediglich auf einige Hervorhebungen im Englischen durch Großschreibung bestimmter Worte (wie z. B. *State* oder *Soul*) wurde verzichtet, da diese Worte im Deutschen ohnehin groß geschrieben werden und eine andere Hervorhebung nicht angemessen erschien. Ergänzt wurden vom Übersetzer das Vor- und Nachwort zur deutschen Ausgabe, ein separates Literaturverzeichnis sowie eigene Fußnoten. Letztere wurden hinzugefügt, um Begriffe, die nicht unbedingt zum Allgemeinwissen gehören, oder fremdsprachliche Ausdrücke zu erklären. Alle nachträglichen Ergänzungen im Text wurden mit eckigen Klammern kenntlich gemacht.

---

[6] Ruskin-Bibliothek und -Forschungszentrum, Lancaster, UK.

Im Literaturverzeichnis wurden, sofern vorhanden, die URL-Adressen von Onlinequellen angegeben. Sollten diese Adressen kopiert werden, ist darauf zu achten, dass am Zeilenende durch die Silbentrennung manchmal ein Trennungszeichen eingefügt wurde, das nicht zur Adresse gehört. Um Fehlermeldung des Internetbrowsers zu vermeiden, müssen diese Trennungszeichen (nur am Zeilenende!) ggf. gelöscht werden.

Übernommen wurde ebenfalls das englische Vorwort aus der *Pocket*-Ausgabe sowie deren Index als Personen- und Sachverzeichnis. Der Index wurde durch einige Einträge ergänzt, die sich fast ausschließlich auf Textstellen in den hinzugefügten Teilen der deutschen Ausgabe beziehen.

Alle verwendeten Bibelzitate wurden der Lutherbibel entnommen. Gegebenenfalls wurden nach Ruskins Vorgabe, aber auch die *Septuaginta* und *Vulgata* zu Rate gezogen. Mithilfe der jeweiligen Referenzen kann natürlich auch in anderen Bibelübersetzungen nachgeschlagen werden. Ruskin selbst hat als englische Bibel offensichtlich die *King James Bible* verwendet, aber auch die lateinische und griechische Übersetzung.

Ruskins poetische Zitate von u. a. William Shakespeare, Alexander Pope, William Wordsworth, Dante Alighieri oder George Herbert wurden im Text in der Ursprungssprache belassen, aber eine deutsche Übersetzung in der Fußnote angeboten. Sofern nicht anders gekennzeichnet, handelt es sich auch bei griechischen oder lateinischen Quellen um eigene Formulierungen, die mit Hilfe fachkundiger Personen (s. u.) angefertigt wurde.

Bei einigen Zitaten aus Werken von J. S. Mill, D. Ricardo oder anderen Autoren wurde auf bereits bestehende oft zeitgenössische Übersetzungen zurückgegriffen. Diese Werke verwendeten oft eine heute nicht mehr gültige Rechtschreibung (z. B. Tauschwerth). Um die Lesbarkeit des Textes nicht zu sehr zu erschweren, wurde an einigen Stellen auf die normalerweise übliche Kennzeichnung mit dem Verweis [sic!] verzichtet.

Einige der von Ruskin verwendeten Begriffe wie z. B. *master* (engl. = Meister) und *servant* (engl. = Diener) oder auch *political* oder *mercantile economy* (National-/Politische Ökonomie sowie Privat- bzw. kaufmännische Wirtschaft) würde man bei der fachlichen Diskussion des Themas in den geschilderten Zusammenhängen heute wahrscheinlich weniger verwenden. Es soll aber dem Leser überlassen bleiben, hier an den entsprechenden Stellen ggf. passende Vergleiche zu heute gebräuchlichen Begriffen wie Arbeitnehmer und -geber oder Volks- und Betriebswirtschaft zu ziehen. Insbesondere was den Begriff Volkswirtschaft in Ruskins Sinn angeht, kann man aber davon ausgehen, dass auch die heutigen Volkswirtschaften nicht unbedingt seinen Idealen entsprechen. In der Übersetzung wird der Begriff Volkswirtschaft deshalb nur an den Stellen verwendet, wo es sich – an Ruskins Idealen gemessen – auch um eine solche handelt. Ansonsten wird auf die älteren Begriffe Nationalökonomie bzw. Politische Ökonomie zurückgegriffen.

An dieser Stelle soll nochmals herzlich all denjenigen gedankt werden, die mir direkt bei der Anfertigung der Übersetzung geholfen oder mich auf andere Art dabei unterstützt haben:

- Shri Mataji Nirmala Devi für ihre Inspiration, Motivation und Unterstützung,

- Ulrike Deiseroth für das Korrekturlesen des deutschen Vor- und Nachworts und die Hilfe bei der Übersetzung des Altgriechischen,

- Ana N. Geiger und Toni Grabmayer für das Korrekturlesen des gesamten Textes,

- Thomas Kaiser vom Online-Lateinforum Auxiliumnet für die Hilfe bei der Übersetzung des Lateinischen

- und nicht zuletzt Stephen Wildman, Direktor der Ruskin Library und des Research Centre, für seine Klärung von Verständnisfragen, Quellenhinweise und die Hinweise zum Verlauf und der Authentizität der Veröffentlichungen von *Unto This Last*.

Vorwort zur englischen Ausgabe

*Nachdem ich angefangen hatte, war es unmöglich, mit
dem Lesen aufzuhören, das Buch zur Seite zu legen. Von
Johannesburg nach Durban war es eine 24-stündige Zug-
fahrt, und in dieser Nacht konnte ich einfach keinen
Schlaf finden. Als ich es zu Ende gelesen hatte, be-
schloss ich mein Leben nach den Idealen des Buches
auszurichten, nach seiner wichtigsten Lehre, die nach
meinem Verständnis lautete: ‚Das Wohl des Einzelnen
liegt im Wohl aller.' ... Später übersetzte ich es in Gujarati
und nannte es ‚Sarvodaya', 'Wohlstand für alle'.*

M. K. Gandhi, 1927
über seine erste Lektüre von *Unto This Last*

John Ruskins *Unto This Last*, das kleine Buch in ihren Händen,
war nicht nur eins der größten Bücher, die je im England des 19.
Jahrhunderts, sondern ist wohl auch eins der größten Bücher, die
jemals überhaupt veröffentlich wurden – ein relativ unbekanntes
Meisterwerk der Sozialkritik, für uns heute ebenso relevant wie
bei seinem Erscheinen im Jahre 1860. Von all meinen Büchern,
würde Ruskin später sagen, ist es dieses, was überdauern wird,
was der Natur der Welt und unserem Leben darin am nächsten
kommt und dasjenige, in dem jedes Wort richtig ist – kein kleines
Lob eines Autors, der alle seine Bücher nach der Veröffentlichung
für mangelhaft befand und dessen gedruckte Werke sich während
seines Lebens auf über sechs Millionen Worte summierten.

Aufgewachsen in einer wohlhabenden Londoner Familie widmete
Ruskin sein frühes Erwachsenenleben der Kunstkritik und – als in
den 1840ern und 50ern ein brillantes Buch nach dem anderen
folgte – allem anderen als der Erfindung des Genres und sich in
ganz Europa als Genie unübertroffenen Formats bekannt zu machen. Mit zunehmendem Alter fing Ruskins scharfes und emp-
findsames Auge jedoch an, immer deutlicher die Zerstörung und
das menschliche Leid wahrzunehmen, das die unermüdliche In-
dustrielle Revolution angerichtet hatte. Entsetzt von der schamlo-
sen Plünderung seiner geliebten Natur in den späten 1850ern
und todunglücklich über die skrupellose Lage der Armen, wütend
über die selbstgefällige, ausbeuterische und oft grausame Menta-

lität der Gruppe, die sein Mentor und Freund Thomas Carlyle als die „Kapitäne der Industrie" bezeichnet hatte, entschloss er sich zu dem Versuch, der Ausbeutung mit einer Reihe von sechs Essays ein Ende zu bereiten. Zusammen würden sie die eingeschlagenen Irrwege der Welt greifbar machen, bevor es zu spät ist. So wurde die Idee für *Unto This Last* geboren.

Zu Beginn würde er deutlich machen, dass die allgemeine Ansicht, „es muss die erste Absicht des Kaufmanns sein, mit Hilfe seiner Geschäfte so viel wie möglich für sich selbst zu erwirtschaften und so wenig wie möglich seinem Nachbarn (oder Kunden) zu überlassen, überhaupt kein Handel [war], sondern Betrug", (Die Wurzeln der Ehre). Weiter würde er allgemein die Natur gerechten Handels definieren und unwiderlegbar deutlich machen, dass – sollte er je erreicht werden – wahrer menschlicher Wohlstand nur „unter bestimmten moralischen Bedingungen der Gesellschaft" zustande kommen könnte, „zu denen zuerst natürlich der Glaube an die Existenz und – für praktische Zwecke – sogar an die Erreichbarkeit von Redlichkeit" im gesamten Sozialleben gehören (Einleitung).

Als seine Aufsätze 1860 im *The Cornhill Magazine* erschienen, lösten sie in ganz England und Schottland ein solches Protestgeheul aus, dass William Makepeace Thackeray, der Herausgeber des *Cornhill*, sich gezwungen sah, Ruskin mitzuteilen, dass er nach dem dritten nur noch einen weiteren Aufsatz drucken würde.[7] Ruskin, schäumten die Kritiker vor Wut, wäre naiv. Geschäfte könnten niemals nach den Grundsätzen praktiziert werden, die er vorschlug. Wenn sie all ihre „Klugheit und Energie für die Produktion oder Erhaltung [ihres Produkts] im einem vollkommenen Zustand aufwenden und es da, wo es am meisten gebraucht würde, so preiswert wie möglich vertreiben würden" – was, wie er darauf bestand, ihre nationale Pflicht wäre –, würde niemand jemals einen Gewinn machen und sie alle untergehen. Kurz gesagt, für die Verwegenheit, seinen Zeitgenossen vorzuschlagen, dass ihre erste Verpflichtung als Geschäftsleute nicht gegenüber ihren Geldbeuteln bestand, sondern dem Wohlergehen ihrer Kunden (Die Wurzeln der Ehre), ihnen zu sagen, dass es das Ziel allen Handels war, so viele „Wesen mit starker Stimme, strahlenden

---

[7 Obwohl Ruskin wohl eigentlich noch weitere Beiträge geplant hatte (s. S. 93).]

Augen und glücklichem Herzen" wie möglich zu erzeugen (Die Adern des Reichtums), ihnen zu zeigen, dass wahre Gerechtigkeit im Grunde darin besteht, immer ein kleines Bisschen mehr zurückzugeben, als man erhalten hatte (*Qui Judicatis Terram*) und schließlich und ewig: „ES GIBT KEINEN REICHTUM AUßER DEM LEBEN", (*Ad Valorem*) wurde Ruskin angeprangert und zensiert.

Eine solche Reaktion bleibt der Grund für den heutigen Status von *Unto This Last* als einem "alles-andere-als-vergessenen" Meisterwerk. Die Kraft in Ruskins Feder liegt nicht in seiner Behauptung, dass wir in allen unseren wirtschaftlichen und sozialen Wechselwirkungen nur einer Regel folgen müssen (obgleich einer goldenen). Andere haben – gelegentlich wie wortgewandt – dasselbe gesagt. Eher liegt sie in der unbestreitbaren Logik des Buches. Schonungslos führt Ruskin Seite für Seite *Beweise* für seine Standpunkte jenseits vertretbarer Zweifel an. Mit anderen Worten, Ruskin erwischte in *Unto This Last* seine Zeitgenossen nicht nur mit den Händen in der Kasse, sondern machte es ihnen auch unmöglich, diesen peinlichen Schauplatz abzustreiten und wirksame Gegenargumente vorzubringen. Richtig verstanden ist *Unto This Last* nichts weniger als soziales Dynamit, verpackt in Prosa. Es ist ein fehlerfreies Rezept für eine humane Umgestaltung der Prioritäten unserer Kultur. Es ist ein Ruf, die Verantwortung für den Schaden zu übernehmen, den wir angerichtet haben, verbunden mit der Aufforderung – falls uns etwas daran liegt, dass man sich an uns nicht als *völlig* herzlose Geschöpfe erinnert –, damit aufzuhören. *Das* ist es, was zu schaffen machte. Solche Auseinandersetzungen abzutun, zu ignorieren oder später „zu vergessen" war und ist auch heute noch der leichteste Weg.

In einem Vortrag mit dem Titel „Of Kings' Treasuries"[8], bei dem es im Wesentlichen darum ging, wie wichtig es ist, die größten Schriftsteller der Welt regelmäßig und sorgfältig zu lesen, wenn wir ihre Weisheit in uns aufnehmen möchten und danach zu leben, definierte Ruskin 1864 den Unterschied zwischen einem „Buch der Stunde" und einem „Buch für alle Zeit". Beim Versuch, seinen Zuhörern den Unterschied deutlich zu machen, so dass sie die nächste Zeit vornehmlich solchen Schriften widmen würden, hat der Autor in letzterem etwas zu sagen, dass er als wahr und nützlich bzw. als hilfreich schön ansieht. Soweit er weiß, hat

---

[8 engl. = „Über die Schatzkammern der Könige"]

keiner es bis jetzt gesagt und soweit er weiß, kann auch kein anderer es sagen. Und wenn er kann, ist er dazu verpflichtet, es deutlich und wohlklingend zu sagen – bei allen Gelegenheiten. Im Resümee seines Lebens stellt er fest, dass es diese Sache oder diese Dinge sind, die sich ihm offenbaren – dass es dieses Stück wahren Wissens oder klarer Sicht ist, den sein Anteil am Sonnenlicht und an Erde ihm erlaubt hat zu ergreifen. Er würde es gerne für immer niederschreiben und, wenn er könnte, in Stein gravieren und sagen: „Das ist das Beste von mir. Den Rest davon aß, trank und schlief, liebte und hasste ich wie jeder andere. Mein Leben war ein Hirngespinst und ist es doch nicht. Aber das sah und wusste ich. Dies, wenn überhaupt etwas von mir, ist ihr Andenken wert." Das ist seine „Schrift". Das ist – auf seine kleine menschliche Weise und mit welchem Grad an wahrer Inspiration auch immer – seine Inschrift oder Bibel. Das ist ein „Buch".

Unto This Last ist John Ruskins „Buch".

Professor James L. Spates
Fachbereich Soziologie
Hobart and William Smith Colleges
Genf, New York
Dezember 1999

„Mein Freund, ich tu dir nicht Unrecht.
Bist du nicht mit mir einig geworden über einen Silbergroschen?
Nimm, was dein ist, und geh!
Ich will aber diesem Letzten dasselbe geben wie dir.[9]

„Gefällt's euch, so gebt her meinen Lohn;
wenn nicht, so lasst's bleiben.
Und sie wogen mir den Lohn dar, dreißig Silberstücke."[10]

[9 Matthäus 20, 13-14]
[10 Sacharja 11, 12]

Einleitung

1. DIE folgenden vier Aufsätze wurden vor 18 Monaten im *Cornhill Magazine* veröffentlicht und, soweit ich gehört habe, von den meisten Lesern auf das Heftigste verworfen.

Doch ich halte sie dagegen für kein bisschen weniger als das Beste, d. h. das Wahrhaftigste, Bestformulierte und Brauchbarste, was ich je geschrieben habe. Und der letzte Aufsatz, der mich besonders viel Mühe gekostet hat, ist wahrscheinlich das Beste, was ich je schreiben werde.

„Dies", so kann der Leser antworten, „könnte sein, doch muss es deshalb noch lange nicht gut geschrieben sein." Doch ohne falsche Bescheidenheit kann ich zugeben, dass ich mit dieser Arbeit so zufrieden bin wie mit keiner meiner anderen. Und da ich vor kurzem beschlossen habe, die in diesen Schriften angestoßenen Themen weiter zu verfolgen, sobald ich dazu Muße finde, wünsche ich mir, dass die einleitenden Feststellungen jedem, der sich darauf beziehen möchte, zur Verfügung stehen. So wie sie erschienen sind, veröffentliche ich deshalb die Essays erneut. Nur ein Wort wurde verändert, um das Maß eines Gewichtes zu korrigieren,[11] und kein Wort wurde hinzugefügt.*

2. Obwohl ich in diesen Aufsätzen nichts finde, was geändert werden sollte, bereue ich jedoch, dass die aufsehenerregendste Behauptung darin – die Notwendigkeit, eine Arbeit mit festen Löhnen zu organisieren – nicht den Weg in das erste Essay gefunden hat. Auch wenn es eher einer der weniger wichtigen Standpunkte ist, so ist es jedoch keiner der weniger festen, die es zu verteidigen gilt. Wie ich glaube, liegt der wahre Kern der Schriften, ihre zentrale Bedeutung und zentrales Ziel darin, zum ersten Mal in gutem Englisch – nebenbei zwar schon oft in gutem

---

[11] In §48 (S. 76) wurde die „13 Unzen" im *Cornhill* im Nachdruck der späteren Buchausgaben korrigiert zu „17 Unzen".[iv]]
* Hinweis zur 2. Ausgabe: ein Zusatz wurde in die Anmerkung auf der 14. Seite [entspricht hier S. 25] der Einleitung dieses Buches aufgenommen, das ich – als das in seinen wesentlichen Inhalten Wertvollste von allem, was ich je geschrieben habe – Wort für Wort und Seite für Seite nach diesem Zusatz nachdrucke, und es allen so zugänglich wie möglich mache.

Griechisch von Plato und Xenophon und in gutem Latein von Cicero und Horaz dargelegt – eine logische Definition von WOHLSTAND zu geben, eine Definition, die als Basis der ökonomischen Wissenschaft ein absolutes Muss ist. Der angesehenste Aufsatz zu diesem Thema, der in neuerer Zeit erschienen ist, beginnt mit der Behauptung: "Schriftsteller über politische Oekonomie wollen das Wesen des Vermögens ... lehren oder untersuchen",* gefolgt von der Deklaration der These, „Jedermann hat einen für gewöhnliche Zwecke ganz ausreichenden Begriff davon, was unter Vermögen zu verstehen ist. ... Es ist nun in keiner Weise die Absicht dieser Schrift, nach metaphysischer Spitzfindigkeit der Definition zu trachten ..."†

3. Sicherlich brauchen wir keine metaphysische Spitzfindigkeit, doch physische und logische Genauigkeit in Bezug auf ein materielles Thema ganz bestimmt.

Angenommen das Thema der Untersuchung wäre statt der Haushaltskunde *(Oikonomia)* die Sternkunde *(Astronomia)* gewesen, und der Unterschied zwischen Fixsternen und Planeten wäre ebenso nicht beachtet worden wie hier zwischen ausstrahlendem und reflektierendem Reichtum, dann hätte der Schreiber wie folgt begonnen: „Jeder hat eine für alltägliche Zwecke ausreichend genau Vorstellung davon, was mit Sternen gemeint ist. Die metaphysische Genauigkeit bei der Definition eines Sterns ist jedoch nicht Gegenstand dieser Abhandlung." – Der so begonnene Aufsatz wäre in seinen Schlussfolgerungen wahrscheinlich weit wahrhaftiger und dem Steuermann noch tausendfach nützlicher gewesen, als jede Abhandlung über Wohlstand dem Ökonomen, die ihre Schlüsse aus einer populären Vorstellung von Reichtum zieht.

4. Folglich war es das oberste Ziel dieser Aufsätze, eine genaue und tragfähige Definition von Wohlstand zu geben, und zweitens sollten sie zeigen, dass das Erreichen von Wohlstand schließlich nur unter bestimmten moralischen Bedingungen der Gesellschaft möglich war – zunächst dem Glauben an das Dasein und für

---

* Was denn von beidem? Wo Forschung notwendig ist, ist Lehren unmöglich.
† *Principles of Political Economy*, von J. S. Mill, Preliminary Remarks, S. 2.[v]

praktische Zwecke sogar auch an die Erreichbarkeit von Redlichkeit.

Ohne es auszusprechen zu wagen – da bei einem solchen Thema das menschliche Urteil keinesfalls ein endgültiges ist –, was
oder was nicht das edelste der Werke Gottes ist, können wir doch
soweit der Behauptung von Pope[12] zustimmen, dass ein ehrlicher
Mensch unter Seinen besten Werken sogleich sichtbar und, wie
die Dinge stehen, auch etwas seltener ist. Doch er ist kein un-
denkbares oder ein Wunderwerk und noch weniger eine Abnormi-
tät. Redlichkeit ist keine störende Kraft, die die Kreise der Wirtschaft durcheinanderbringt, sondern eine beständige und gebie-
tende. Durch Folgsamkeit ihr gegenüber – und gegenüber keiner
anderen – können jene Kreise ohne störende Einflüsse gezogen
werden.

5. Es stimmt, dass ich manchmal gehört habe, dass Pope für seine zu geringen, statt seiner zu hohen Ansprüche kritisiert wurde.
"Redlichkeit ist in der Tat ein respektabler Wert; doch wie viel
mehr kann der Mensch erreichen! Sollte von uns nicht mehr verlangt werden, als bloß redlich zu sein?"

Im Augenblick, gute Freunde, nichts weiter. Es scheint, dass wir
in unserem Ehrgeiz, mehr als redlich zu sein, etwas die Schick-
lichkeit aus den Augen verloren haben, es überhaupt erst einmal
zu sein. Woran wir sonst noch den Glauben verloren haben, danach soll hier nicht gefragt werden. Aber mit Sicherheit haben wir
den Glauben an die allgemeine Rechtschaffenheit und ihre treibende Kraft verloren. Es ist unser dringendstes Anliegen, diesen
Glauben zusammen mit den Tatsachen, auf denen er sich gründet, wiederzuentdecken und zu bewahren. Doch nicht nur durch
den Glauben allein, sondern auch durch eigene Erfahrung sollten
wir uns versichern, dass es auf der Welt noch Menschen gibt, die
auch anders als vom drohenden Verlust ihrer Arbeit vom Betrug
abgehalten werden.* Nein, es hängt sogar von der Zahl solcher
Menschen in jedem Staat ab, dass er existiert oder Bestand hat.

[[12] *"A wit's a feather and a chief a rod: / An honest man's the noblest
work of God"*[vi], engl. = "Der Kluge eine Feder, der Anführer ein Stock,
doch der Ehrliche das Edelste von Gott."]
* „Ein Arbeiter wird eigentlich nicht durch seine Zunft, sondern durch seine Kunden, im Zaume gehalten. Die Furcht, ihre Kundschaft zu verlieren,

Die folgenden Essays beziehen sich in erster Linie auf diese beiden Punkte. Die Organisation der Arbeit wird nur beiläufig erwähnt. Denn wenn die Kapitäne erst einmal ein angemessenes Maß an Redlichkeit besitzen, ist die Organisation der Arbeit einfach und wird sich von sich aus ohne Streitereien und Schwierigkeiten entwickeln. Doch wenn die Führungskräfte nicht aufrichtig sind, wird die Arbeitsorganisation auf ewig unmöglich sein.

6. Die verschiedenen Voraussetzung für die Umsetzung beabsichtige ich, ausführlich nacheinander zu prüfen.[13] Und damit der Leser nicht durch die während der folgenden Diskussion der Hauptprinzipien aufgeworfenen Andeutungen beunruhigt wird, werde ich um seiner besseren Zuversicht willen, das schlimmste der politischen Bekenntnisse, das ich ihm nahe bringen möchte, gleich an den Anfang stellen:

---

hält ihn vom Betruge und den Wirkungen seiner Nachläßigkeit [sic!] ab." (*Wealth of Nations*, Buch 1, Kap. 10.)[vii]
Bemerkung zur Zweiten Auflage: Den einzigen Zusatz, den ich zu den Worten dieses Buches hinzufügen möchte, ist die sehr ernst gemeinte Frage an jeden christlichen Leser, sich zu überlegen, in welchen auf ewig verdammten Seelenzustand irgendein menschliches Wesen geraten sein muss, wenn es einen solchen Satz akzeptieren – und darüber hinaus schreiben kann. Um dem zu widersprechen, führe ich hier die ersten handelsbezogenen Worte an, die ich an der ersten Kirche Venedigs entdeckte: „Um diesen Tempel herum lasst das Gesetz des Kaufmanns gerecht, seine Gewichte geeicht und seine Verträge ohne Argwohn sein." [Originalinschrift auf San Giacomo di Rialto lautet: *„Hoc circa templum sit jus mercantibus aequum, pondera nec vergant, nec sit conventio prava."*viii] Falls ein Teil meiner jetzigen Leser denkt, dass die Sprache in dieser Fußnote unbeherrscht oder ungebührlich ist, möchte ich sie bitten, den 18. Absatz von *Sesame and Lillies* aufmerksam zu lesen und versichert sein, dass ich selbst beim Schreiben nie ein Wort verwende, das meinem wohlüberlegten Urteil nach im Zusammenhang nicht am besten passt.[ix]

Venedig

Sonntag, den 18. März 1877.

[13 Die beabsichtigte weitere Abhandlung: bereits erwähnt in §1 S. 23 und z. T. erfüllt in *Munera Pulveris*.x]

(1.) Als erstes sollten im ganzen Land auf Kosten und unter Aufsicht der Regierung* Ausbildungsmöglichkeiten für Jugendliche eingerichtet werden. Jedem im Land geborenen Kind sollte auf Wunsch der Eltern erlaubt werden – und in bestimmten Fällen unter Strafandrohung auch von ihm verlangt –, sie zu durchlaufen. In diesen Schulen sollten dem Kind unter allen Umständen die drei folgenden Dinge (zusammen mit anderen hier anschließend betrachteten und nicht ganz so wichtigen Lehrinhalten) nach den höchsten pädagogischen Standards, die das Land zu bieten hat, gelehrt werden:

(a)   Die Regeln zur Erhaltung der Gesundheit und die Übungen, die dazu erforderlich sind,

(b)   die Gepflogenheiten von Milde und Gerechtigkeit und

(c)   der Beruf, den es später ausüben möchte.

(2.) Zweitens sollte es in Verbindung mit diesen Einrichtungen – und ebenfalls auch unter der vollständigen Kontrolle der Regierung – Manufakturen und Werkstätten für die Herstellung und den Verkauf aller lebensnotwendigen Dinge und zur Ausübung jeder Art von nützlicher Kunst geben. In diesen Regierungsmanufakturen und -geschäften sollte anerkannt gute und vorbildliche Arbeit geleistet und sollten reine und unverfälschte Waren verkauft werden, ohne sich jedoch in irgendeiner Weise in private Unternehmen einzumischen oder dem privaten Handel Beschränkungen oder Steuern aufzuerlegen. Letzterem bleibt es überlassen, sowohl sein Bestes zu geben, als auch – wenn er kann – die Regierung zu übertreffen. War man bereit, den Regierungspreis zu bezahlen, konnte man auf diese Weise sicher sein, dass man für sein Geld Brot, Bier und Dienstleistungen bekam, die ihren Namen verdienen.

---

* Wahrscheinlich werden sich kurzsichtige Leute fragen, mit welchen Mitteln derartige Schulen finanziert werden sollten. Die zweckdienlichen Methoden für ihre direkte Bereitstellung werde ich später untersuchen. Indirekt werden sie weit mehr als selbsttragend sein. Die Einsparungen an Kriminalität (wohl einer der kostspieligsten Luxusartikel auf dem heutigen europäischen Markt), die solche Schulen mit sich brächten, würden ausreichen, sie zehn Mal zu finanzieren. Die Wirtschaftlichkeit der Arbeit würde wieder lauter sein und zu hoch, um sie zum jetzigen Zeitpunkt zu berechnen.

(3.) Drittens sollte jeder Nicht-Beschäftigte, ob Mann, Frau, Junge oder Mädchen, sofort Aufnahme in der nächsten Regierungseinrichtung finden und ihnen sollte versuchsweise und für einen festen jährlich bestimmten Lohn eine gerade anliegende Arbeit übertragen werden, für die sie geeignet sind. Die, die sich aufgrund mangelnder Kenntnisse als nicht geeignet herausstellten, sollten geschult und die, die aus Gesundheitsgründen nicht arbeiten können, betreut werden. Wer sich aber der Arbeit verweigert, sollte mit äußerstem Nachdruck den viel anstrengenderen und entwürdigenderen Formen notwendiger Plackerei überantwortet werden. Dazu gehören besonders die in den Minen und anderen gefahrvollen Orten (wobei die Gefahren jedoch durch sorgfältige Regulierung und Disziplin auf das Geringste reduziert wurden). Die fällige Entlohnung für derartige Arbeit sollte, abzüglich der Kosten für die Maßnahme, zunächst einbehalten und dem Arbeiter zur Verfügung gestellt werden, sobald er vernünftiger geworden ist und die Regeln der Arbeit respektiert.

(4.) Letztlich sollte den Alten und Mittellosen Annehmlichkeiten und ein Heim zur Verfügung gestellt werden. Wenn nach der Anwendung eines solchen Verfahrens Unglück von Schuld unterschieden wurde, wäre eine solche Versorgung für die Empfänger eher ehrenwert als beschämend. Denn (ich wiederhole diesen Abschnitt aus *Political Economy of Art*, auf die der Leser hinsichtlich weiterer Einzelheiten hingewiesen wird*) „ein Arbeiter dient seinem Land mit seinem Spaten genauso wie ein Mann mittlerer Stellung mit seinem Schwert, seinem Stift oder Skalpell. Ist der Dienst geringer und damit trotz Gesundheit auch der Lohn, dann wäre auch die Rente bei eingeschränkter Gesundheit geringer, doch nicht weniger ehrenhaft. Und so sollte es auch für einen Arbeiter genauso natürlich und unkompliziert sein, seine Rente, um die er sich bei der Gemeinde verdient gemacht hat, von ihr zu empfangen wie für einen höher Gestellten seine Pension von seinem Land, um die er sich ihm gegenüber verdient gemacht hat".

Dieser Behauptung möchte ich zum Schluss aus Respekt vor der Disziplin, der Lebensleistung und dem Tod sowohl der Hoch-, als auch Niedriggestellten Livius' letzte Worte über Valerius Publicola

---

* Jetzt *A Joy for Ever* (Bd. xi., "The Revised Series"). Addendum S. 143 §129 (und S. 165 §143 der kleinen Ausgabe).[xi]

hinzufügen, die keine unwürdige Grabinschrift sein sollten: *„De publico est elatus.“**

7. An diese Dinge glaube ich und bin im Begriff, soweit es in meiner Macht liegt, sie in ihren verschiedenen Tragweiten zu erklären, zu illustrieren und auch das zu berücksichtigen, was sie an angrenzenden Fragestellungen aufwerfen. Hier stelle ich sie nur in aller Kürze vor, um den Leser davor zu bewahren, von meinen endgültigen Schlussfolgerungen verschreckt zu werden. Für den Augenblick bitte ich ihn nur, sich daran zu erinnern, dass es in einer Wissenschaft, die sich mit so subtilen Dingen wie der menschlichen Natur beschäftigt, nur möglich ist, auf die höchste Wahrheit der Prinzipien einzugehen, nicht aber auf den direkten Erfolg von Plänen. Denn selbst bei den besten Plänen kann das unmittelbar Erreichbare immer in Frage gestellt werden und das, was am Schluss vollbracht werden kann, ist unvorstellbar.

DENMARK HILL

10. Mai 1862

---

* *„P. Valerius, omnium consensu princeps belli pacisque artibus, anno post moritur; gloriâ ingenti, copiis familiaribus adeo exiguis, ut funeri sumtus deesset; de publico est elatus. Luxêre matronae ut Brutum“*, (Lib. ii. c. xvi). [Vollständig lautet der Text: *„P. Valerius, omnium consensu princeps belli pacisque artibus, anno post Agrippa Menenio P. Postumio consulibus moritur, gloria ingenti, copiis familiaribus adeo exiguis, ut funeri sumtus deesset; de publico est datus. Luxere matronae ut Brutum“*; lat. = „Das Jahr darauf, unter den Konsuln Agrippa Menenius und Publius Postumius, starb Publius Valerius, allgemein als großer Soldat und Staatsmann anerkannt, sehr berühmt, aber so mittellos, dass es nicht für seine Beerdigung reichte, und er auf Staatskosten beigesetzt werden musste. Und wie den Brutus betrauerten ihn die Frauen von Stande.“ *„De publico est elatus“* bedeutet also soviel wie „auf Staatskosten“ oder „aus Mitteln der Allgemeinheit“.[xii]]

Essay I – Die Wurzeln der Ehre

1. UNTER den falschen Vorstellungen, die zu unterschiedlichen Zeiten das Gemüt der Mehrheit der Menschheit bestimmt haben, ist wohl die seltsamste – aber sicherlich auch die am wenigsten lobenswerte – die heutige *soi-disant*[14] Wissenschaft der Politischen Ökonomie.[15] Sie basiert auf der Idee, dass eine nützliche Sozialgesetzgebung völlig losgelöst von einer sozialen Gesinnung eingerichtet werden kann.

Natürlich liegt dieser Lehre ähnlich wie z. B. der Alchemie, der Astrologie, Hexerei und anderen derartig populären Überzeugungen eine plausible Idee zugrunde. "Soziale Gesinnungen", sagt der politische Ökonom, "sind zufällige und störende Elemente in der menschlichen Natur, doch Gier und der Wunsch nach Fortschritt permanente. Lasst uns die Unbeständigkeiten beseitigen und – unter der Annahme, der Mensch sei bloß eine begehrliche Maschine – untersuchen, durch welche Arbeits-, Erwerbs- und Verkaufsregeln das beste Ergebnis bei der Anhäufung von Reichtum erzielt werden kann. Sind solche Gesetze erst einmal beschlossen, liegt es dann an jedem selbst, soviel des störenden Elements sozialer Gesinnung einzubringen wie er möchte und den dadurch erreichten neuen Zustand, für sich selbst zu bewerten."

2. Dies wäre eine vollkommen logische und erfolgreiche Analytik, wenn die später vorgestellten zufälligen Elemente von derselben

---

[14 franz. = selbst ernannt, so genannt, angeblich, scheinbar]
[15 Der englische Begriff *political economy* wird heute weitgehend mit Volkswirtschaft übersetzt. Da einerseits die heutigen Volkswirtschaften nicht unbedingt mit ihren Anfängen im 19. Jhd. gleichgesetzt werden können, sie andererseits auch in ihrem heutigen Zustand nicht unbedingt den Idealen von Ruskin entsprechen und weiterhin auch Ruskin unter der damals „populären Politischen Ökonomie" keinesfalls eine „wahre Volkswirtschaft" verstand, wird, wie im deutschen Vorwort bereits beschrieben, in dieser Übersetzung angestrebt, für alle von Ruskins Ideal abweichenden Fälle, die Begriffe „Politische Ökonomie" oder „Nationalökonomie" zu verwenden, wie sie entscheidend z. B. von John Stuart Mill, David Ricardo oder Adam Smith geprägt wurden. Der Begriff „Volkswirtschaft" soll in Ruskins eigentlichem Sinne seiner „idealen oder wahren Politischen Ökonomie" verwendet werden.]

Natur wie die zuerst untersuchten Kräfte wären. Angenommen der Lauf eines bewegten Körpers wird von konstanten und veränderlichen Kräften beeinflusst, dann ist es normalerweise am einfachsten, seine Bewegung zunächst auf die permanenten Einflüsse hin zu untersuchen und danach hinsichtlich der veränderlichen. Aber die störenden sozialen Einflüsse sind nicht von derselben Natur wie die unveränderlichen Elemente: sie verändern die Essenz des untersuchten Wesens in dem Moment, in dem sie in Erscheinung treten. Sie folgen keiner Mathematik, sondern der Chemie und werfen Fragestellungen auf, die wir mit all unseren Vorkenntnissen nicht beantworten können. Wir machten gelehrte Experimente mit reinem Stickstoff, und haben uns davon überzeugt, dass es ein sehr leicht handhabbares Gas ist. Doch aufgepasst! Das, womit wir uns in der Praxis befassen müssen, ist sein Chlorid[16]; und in dem Moment, in dem wir es mit unseren althergebrachten Methoden untersuchen, schickt es uns mitsamt unserer Apparatur durch die Decke.

3. Man beachte, dass ich die Schlussfolgerung der Wissenschaft weder bestreite noch in Frage stelle, sofern ihre Terminologie akzeptiert ist. Ich bin daran einfach so wenig interessiert wie an einer Sportwissenschaft, die davon ausgeht, dass Menschen kein Knochengerüst haben. Denn unter dieser Vorgabe könnte man zeigen, dass es dienlich wäre, die Studenten zu Kügelchen zu formen, zu Kuchen auszurollen oder zu Seilen auszuziehen. Und wenn man dies geschafft hat, würde der Wiedereinbau des Skeletts mit verschiedenen Unannehmlichkeiten für den Körperbau einhergehen. Diese Überlegungen mögen bewundernswert, die Schlussfolgerungen wahr und die Wissenschaft nur hinsichtlich ihrer Anwendbarkeit unzulänglich sein. Die heutige Politische Ökonomie steht auf einer ganz ähnlichen Basis. Zwar geht sie nicht davon aus, dass der Mensch gar kein Skelett hat, aber dass er eben nur aus Knochen besteht. Sie gründet eine verknöcherte Fortschrittstheorie auf einer Verneinung der Seele und hat das Ultimative gezeigt, was aus Knochen gemacht werden kann. Aus Totenköpfen und Oberarmknochen hat sie eine Reihe interessanter geometrischer Figuren konstruiert und erfolgreich die Unbequemlichkeit des Wiederauftauchens einer Seele in diesen Knor-

---

[16 Stickstoffchlorid (Chlorstickstoff, NCl_3), ein gelbliches Öl … [das] einer der gefährlichsten Körper [ist], weil er häufig von selbst, stets aber bei Berührung mit vielen organischen Körpern heftig explodiert.[xiii]]

pelstrukturen nachgewiesen. Ich verneine nicht die Schlüssigkeit dieser Theorie, sondern einfach ihre Anwendbarkeit im gegenwärtigen Zustand der Welt.

4. Diese Nichtanwendbarkeit hat sich seltsamerweise während der Verlegenheiten manifestiert, die durch die letzten Arbeiterstreiks verursacht wurden.[17] Hier zeigt sich in angemessener und positiver Form einer der einfachsten Fälle des wesentlichsten Problems, mit dem eine Volkswirtschaft umzugehen hat, nämlich die Beziehung zwischen Lohnherr und Beschäftigtem.[18] Und in einer ernsten Krise, wenn das Leben von vielen und Wohlstand in großem Umfang auf dem Spiel stehen, sind die Nationalökonomen hilflos, praktisch sprachlos. Keine nachvollziehbare Problemlösung kann von ihnen vorgelegt werden, die die sich gegenüberstehenden Parteien überzeugen oder beruhigen könnte. Stur sehen die Meister nur die eine Seite der Sache und die Arbeiter die andere – und keine politische Wissenschaft kann sie vereinen.

5. Es wäre schon seltsam, wenn das möglich wäre. Doch wenn, dann haben Menschen sich nie mit Hilfe irgendeiner "Wissenschaft" vorgenommen, einer Meinung zu sein. Redner um Redner bemüht sich, eitel zu zeigen, dass die Interessen der Meister den Interessen der Arbeiter entgegenstehen oder nicht entgegenstehen. Dabei scheint keiner jemals zu merken, dass die Beteiligten nicht grundsätzlich und immer deshalb gegensätzliche Standpunkte einnehmen müssen, weil ihre Interessen unterschiedlich sind. Wenn es nur noch eine Brotkruste im Haus gibt und Mutter und Kinder hungern müssen, dann sind ihre Interessen nicht dieselben. Wenn die Mutter sie isst, dann wollen sie die Kinder, und wenn die Kinder sie essen, muss die Mutter hungrig zur Arbeit gehen. Trotzdem folgt daraus nicht notwendigerweise, dass zwischen ihnen ein „Antagonismus" bestehen muss, sie um die Kru-

---

[17 Dies bezieht sich genauer auf den Streik der Bauarbeiter im Herbst 1859.[xiv]]
[18 Ruskin benutzt in diesem Zusammenhang verschiedene Begriffe wie *employer* und *employee*, die im Deutschen mit Lohnherr und Beschäftigter, Meister und Arbeiter, Auftraggeber und Kunde oder, wie man heute in den meisten Fällen sagen würde, Arbeitgeber und Arbeitnehmer wiedergegeben werden können. In der Übersetzung wurde weitestgehend die ursprüngliche Bedeutung beibehalten. Es steht dem Leser natürlich jederzeit frei, sie in einen heutigen Kontext zu übertragen.]

me kämpfen und die Mutter als die Stärkste sie bekommen und essen wird. Wie auch immer die Verwandtschaftsverhältnisse sein werden – man kann auch nicht mit Sicherheit annehmen, dass sich die Parteien in jedem anderen Fall gegenseitig als Feinde ansehen und Gewalt oder List anwenden, um einen Vorteil zu erlangen.

6. Selbst wenn es so wäre, und es wäre so gerecht wie bequem, den Menschen von keinen anderen moralischen Einflüssen motiviert zu sehen als von solchen, die Ratten oder Schweine antreiben, dann sind die logischen Voraussetzungen dieser Frage immer noch nicht auszumachen. Allgemein kann weder gezeigt werden, dass die Interessen von Lohnherr und Arbeiter übereinstimmen, noch dass sie entgegengesetzt sind. Denn umständehalber könnten sie durchaus beides sein. In der Tat liegt es im Interesse beider, dass die Arbeit anständig erledigt und ein gerechter Preis dafür erzielt wird. Doch bei der Verteilung der Profite kann der Gewinn des einen Verlust beim anderen bedeuten oder auch nicht. Es liegt nicht im Interesse des Meisters, so niedrige Löhne zu zahlen, dass seine Beschäftigten krank und depressiv werden. Und ebenso wenig liegt es im Interesse des Arbeiters, einen so hohen Lohn zu erhalten, dass dann der geringe Gewinn seines Meisters ihn hindert, sein Geschäft auszubauen oder es in einer sicheren und toleranten Art zu führen. Ein Heizer sollte keine hohe Bezahlung verlangen, wenn das Unternehmen zu arm ist, um die Räder der Maschine zu warten.

7. Die Zahl der Umstände, die diese wechselseitigen Interessen beeinflussen, ist so groß, dass alle Bemühungen, Handlungsvorgaben aus einem Gleichgewicht von Zweckmäßigkeit abzuleiten, umsonst sind. Und sie sollen umsonst sein. Denn keine menschlichen Handlungen waren vom Schöpfer aller Menschen jemals dazu gedacht, von einem Gleichgewicht an Zweckmäßigkeit geleitet zu werden, sondern von einem der Gerechtigkeit. Er hat deshalb alle Bemühungen, Zweckmäßigkeit zu bestimmen, für immer zum Scheitern verurteilt. Kein Mensch wusste oder kann jemals wissen, was das ultimative Ergebnis eines gegebenen Verhaltensgrundsatzes für ihn oder andere sein wird. Doch jeder dürfte wissen – und die meisten wissen auch –, was eine gerechte und eine ungerechte Tat ist. Und alle dürften auch wissen, dass die Konsequenzen von Gerechtigkeit letztlich die best möglichen sowohl für andere, als auch uns selbst sein werden – ob-

wohl wir weder sagen können, was das Beste *ist* oder wie es sich wahrscheinlich zutragen wird.

Ich sagte Ausgewogenheiten in der Gerechtigkeit – wobei nach meinem Verständnis der Begriff Gerechtigkeit jene Zuwendung einschließt, die ein Mensch dem anderen *schuldet*. Alle anständigen Beziehungen zwischen Meister und Arbeiter und alle ihre besten Interessen hängen schließlich davon ab.

8. Am besten und einfachsten können wir die Beziehungen zwischen Hausherrn und Bedienstetem in der Position der Hausangestellten illustrieren.

Wir nehmen an, dass es nur der Wunsch des Hausherrn ist, so viel Leistung aus seinen Angestellten herauszuholen wie es für den Lohn, den er zahlt, möglich ist. Er erlaubt ihnen nie, untätig zu sein, verpflegt sie so spärlich und bringt sie so notdürftig unter, wie sie es erdulden und schraubt seine Ansprüche in allen Dingen bis an den Punkt, über den er nicht hinaus gehen kann, ohne seinen Angestellten dazu zu bringen, zu kündigen. In diesem Tun liegt von seiner Seite aus keine Übertretung dessen vor, was allgemein als „Gerechtigkeit" bezeichnet wird. Er kommt mit dem Angestellten über seine Arbeitszeit und seine Aufgaben überein und nimmt sie in Anspruch. Dabei werden die Härtegrenzen im Umgang durch die Praxis anderer Hausherrn aus der Nachbarschaft festgelegt, d. h. durch das aktuelle Lohnniveau für Hausarbeit. Wenn der Angestellte einen besseren Arbeitsplatz bekommen kann, so steht es ihm frei, diesen anzunehmen. Der Hausherr kann nur feststellen, wie hoch der wirkliche Marktwert seiner Arbeit ist, indem er so viel verlangt wie der Angestellte leisten will.

So stellt sich nach den Doktoren dieser Wissenschaft die politisch-ökonomische Sicht des Falles dar, wobei sie annehmen, dass durch dieses Vorgehen im Durchschnitt die größte Arbeitsleistung vom Angestellten bezogen, damit der größte Nutzen für die Allgemeinheit und, rückwirkend über die Allgemeinheit, zugunsten des Angestellten selbst erzielt werden kann.

Dem ist jedoch nicht so. Es wäre so, wenn der Angestellte eine Maschine wäre, dessen Antrieb Dampf, Magnetismus, Gravitation oder irgendeine andere Form einer berechenbaren Kraft wäre. Doch da der Angestellte eine Maschine ist, deren Antrieb stattdessen eine Seele ist, schleicht sich die Kraft dieses sehr gefährlichen Wirkstoffs ohne sein Wissen in alle Gleichungen der Nationalökonomen und verfälscht die Ergebnisse. Die meiste Arbeit wird von dieser seltsamen Maschine nicht für Lohn, unter Druck oder durch irgendeinen Treibstoff geleistet, der vom Kessel bereitgestellt werden kann. Sie wird nur erreicht, wenn die treibende Kraft, d. h. der Wille oder der Geist der Kreatur, durch den ihm angemessenen Brennstoff auf das Höchste gestärkt wird, nämlich durch Zuwendung.

9. Es kann tatsächlich passieren – und es geschieht wirklich oft –, dass durch starken Willen gestärkt und durch kluge Methodik geführt, eine große Menge physischer Arbeit unter mechanischem Druck geleistet wird, wenn der Hausherr ein kluger und energischer Mensch ist. Wenn der Hausherr allerdings träge und schwach ist, von Natur aus jedoch gutmütig, kann es auch sein – und so ist es oft –, dass durch die nicht angeleitete Arbeitskraft und die geringschätzende Dankbarkeit des Angestellten nur sehr wenig Arbeit und diese auch noch schlecht geleistet wird. Doch das universelle Gesetz der Sache liegt darin, dass bei jeder angenommenen Menge an Tatkraft und Einsicht von Seiten des Hausherrn und des Angestellten das beste Ergebnis nicht im Widerstreit, sondern durch Zuneigung zueinander erzielt wird. Und wenn der Hausherr, statt sich zu bemühen, so viel wie möglich Leistung vom Angestellten zu erwirtschaften, danach strebt, ihm seine zugewiesene und notwendige Arbeit angenehm zu machen und ihm seine Interessen auf gerechte Weise und bekömmliche Art zu vermitteln, wird die letztlich geleistete oder gut gemachte Arbeit der so umsorgten Person tatsächlich die höchst mögliche sein.

Man beachte, dass ich von „gut gemachter" Arbeit rede, denn die Arbeit eines Angestellten ist nicht notwendigerweise oder immer das Beste, was er seinem Meister geben kann. Ich rede von „gut gemacht" in jeder Hinsicht, ob durch wichtige Dienstleistung, durch rücksichtsvolle Wahrung der Interessen und des Ansehens seines Arbeitgebers oder durch die freudige Bereitschaft, bei unerwarteten oder außerordentlichen Gelegenheiten Hilfe zu leisten.

Auch allgemein gesehen ist dies kein bisschen weniger wahr, denn Nachsicht wird häufig missbraucht und Freundlichkeit wird mit Undankbarkeit begegnet. Denn der behutsam behandelte Angestellte ist undankbar und der unsanft behandelte rachsüchtig. Und jemand der unaufrichtig gegenüber einem toleranten Arbeitgeber ist, wird einem ungerechten Schaden zufügen.

10. In jedem Fall und bei jedem Menschen wird dieser uneigennützige Umgang den höchsten Ertrag produzieren. Zuneigung sehe ich dabei ganz und gar als motivierende Kraft an und keinesfalls als für sich allein genommen wünschenswerte oder edle Sache oder als auf irgendeine andere abstrakte Weise positiv. Ich betrachte sie einfach als eine unregelmäßige Kraft, die alle Gleichungen des gewöhnlichen Nationalökonomen zunichte macht. Selbst wenn er dieses neue Element in seine Bewertungen einbeziehen möchte, so hat der doch kein Mittel, damit umzugehen. Denn Zuneigung wird nur dann zu einer wahren Triebkraft, wenn sie alle anderen Motive oder Bedingungen der Volkswirtschaft ignoriert. Behandelt man den Angestellten mit der Vorstellung freundlich, dass seine Dankbarkeit sich auf dem Konto niederschlägt, erhält man verdientermaßen weder Dankbarkeit oder irgendeinen Gegenwert. Aber behandelt man ihn ohne eine ökonomische Absicht freundlich, dann werden alle wirtschaftlichen Belange bedient. So zeigt sich hier wie überall, dass der, der sein Leben bewahren möchte, es verlieren und der, der es verliert, es finden soll.*, [19]

---

* Der Unterschied zwischen den beiden Umgangsformen und ihren materiellen Auswirkungen kann wunderbar beim Vergleich der Beziehungen von Esther und Charlie in *Bleak House*[xv] [dt. Ausgabe: *Bleak House*] und der von Ms. Brass und der Markgräfin in *Master Humphrey's Clock*[xvi] [dt. Titel (u. a.): *Meister Humphreys Wanduhr*] beobachtet werden.
Den essentiellen Wert und die essentielle Wahrheit der Schriften von Dickens haben unkluger Weise viele umsichtige Personen aus den Augen verloren und dass nur, weil er seine Wahrheit im Kleid der Karikatur präsentiert. Unkluger Weise deshalb, da Dickens' oft grobe Karikaturen, niemals unzutreffend sind. Akzeptiert man seine Art sie zu erzählen, so ist das, was er uns mitteilt, immer wahr. Ich wünschte, er hätte seine brillanten Übertreibungen auf die Arbeiten beschränkt, die nur zur öffentlichen Belustigung bestimmt waren und ernstere und genauere Analysen vorgenommen, wenn er ein Thema von großer nationaler Bedeutung wie in *Hard Times* (dt. Ausgabe: *Harte Zeiten*) aufgreift. Der Nutzen dieser Arbeit, die in verschiedener Hinsicht für mich die beste ist, die er geschrieben hat, hat leider durch viele ihrer Figuren ernsthaft gelitten. Mr. Bounderby [der angeberische Geschäftsmann] verkörpert statt eines beispielhaften weltlichen Lohnherrn ein dramatisches Monster und Stephen Blackpool [der integre Arbeiter] ist eine dramatische Perfektion statt das Muster eines ehrenhaften Arbeiters. Aber lasst uns den Nutzen von Dickens' Witz und Einsicht nicht verlieren, denn er hat sich dafür entschieden, im Feuer der Bühne zu sprechen, und in jedem seiner Bücher liegt

11. Das nächste klarste und einfachste Beispiel für die Beziehung zwischen Herr und Arbeiter ist das zwischen dem Kommandeur eines Regiments und seinen Soldaten.

Angenommen, der Offizier möchte mit den geringsten Unannehmlichkeiten für sich selbst Disziplinregeln nur anwenden, um das Regiment damit höchst effizient zu machen, so wird es ihm auf der Basis dieses selbstsüchtigen Prinzips durch keine Vorschriften oder deren Anwendung gelingen, die volle Stärke seiner Unterstellten zu entwickeln. Ist er ein Mann mit Verstand und Bestimmtheit, könnte er wie im vorherigen Beispiel ein besseres Resultat erzielen, als es durch die ungerichtete Freundlichkeit eines schwachen Offiziers möglich ist. Aber wenn wir Verstand und Bestimmtheit in beiden Fällen dieselben sein lassen, dann wird sicherlich der Offizier, der die besten persönlichen Beziehungen zu seinen Männern hat, sich am besten um ihre Bedürfnisse kümmert und ihrem Leben den höchsten Wert beimisst, durch ihre Zuneigung zu ihm und das Vertrauen in seinen Charakter ihre eigentliche Stärke soweit entwickeln, wie es durch andere Methoden völlig unerreichbar wäre. Dieses Gesetz trifft umso mehr zu, je größer die Zahl der Betroffenen ist: Ein Angriff kann sehr oft erfolgreich sein, obwohl die Soldaten ihre Offiziere nicht mögen. Eine Schlacht wurde aber selten gewonnen, ohne dass sie ihren General geliebt haben.

12. Wenn wir uns von diesen einfachen Beispielen weiter zu den komplizierteren bewegen, die zwischen einem Manufakturbesitzer und seinen Arbeitern bestehen, treffen wir mit Sicherheit auf seltsame Schwierigkeiten, die anscheinend das Ergebnis härterer und kälterer moralischer Einstellungen sind. Es ist einfach, sich eine enthusiastische Zuneigung von Soldaten ihrem Oberst gegenüber vorzustellen. Es ist aber nicht so einfach, sich begeisterte Zuneigung von Baumwollspinnern gegenüber dem Eigentümer

---

er mit seiner generellen Richtung und Absicht völlig richtig. Und alle, aber insbesondere *Hard Times* sollten mit eingehender und großer Sorgfalt von Menschen gelesen werden, die sich für soziale Fragen interessieren. Sie werden viel finden, was parteiisch ist und deshalb auch anscheinend ungerecht. Aber wenn sie auf der anderen Seite alles berücksichtigen, was Dickens offensichtlich kann, wird sich trotz aller Schwierigkeiten zeigen, dass seine Sichtweise schließlich die richtige war – grob und scharfzüngig erzählt.
[19 s. Matthäus 16, 25 oder auch 10, 39]

der Mühle auszumalen. Ein Haufen Männer, der sich für Raubzüge zusammengeschlossen hat (wie ein *Highland*-Klan in alten Zeiten), sollte von vollkommener Zuneigung beseelt und jedes Mitglied bereit sein, sein Leben für seinen Anführer zu geben. Aber Menschen, die sich für legale Produktion und Zugewinn zusammengeschlossen haben, werden anscheinend normalerweise nicht von solchen Emotionen motiviert, und keiner ist in irgendeiner Art und Weise bereit, sein Leben für das seines Chefs zu opfern. Dieser anscheinenden Anomalie begegnen wir nicht nur auf moralischem Gebiet, sondern auch auf anderen damit verbundenen, nämlich in der Verwaltung. Denn ein Hausangestellter oder Soldat ist für eine definierte Zeit und einen bestimmten Lohn angestellt, aber ein Arbeiter für einen variablen Lohn, der sich nach dem Arbeitsanfall richtet und mit dem Risiko, dass er jederzeit je nach Marktlage entlassen werden kann. Nun kann sich unter diesen Unbestimmtheiten kein von Zuneigung geprägter Umgang entwickeln, sondern nur ein explosiver Ausbruch von Unzufriedenheit, zwei Punkte, die sich von selbst zur weiteren Betrachtung anbieten.

Zum ersten: Wie sollte die Lohnhöhe reguliert werden, damit sie sich nicht mit der Nachfrage nach Arbeit verändert?

Zum zweiten: Wie weit ist es möglich, Arbeiter unabhängig von der Marktlage und ohne ihre Zahl zu vergrößern oder zu vermindern zu solch festen Löhnen zu beschäftigen und zu behalten, dass sie ein kontinuierliches Interesse am Betrieb haben, dem sie angehören – so wie das Interesse eines Hausangestellten an einer alten Familie oder der Kameradschaftsgeist eines Soldaten in einem Eliteregiment?

13. Die erste Frage ist also, wie weit es möglich sein kann, die Löhne ungeachtet der Nachfrage nach Arbeit konstant zu halten?

Eine der vielleicht seltsamsten Tatsachen in der Geschichte der menschlichen Irrtümer ist die Weigerung der Nationalökonomen, Löhne so zu regulieren – obwohl sie so für alle wichtige und noch viel mehr für die unbedeutende Arbeit dieser Welt bereits gestaltet werden.

Wir verkaufen das Amt unseres Premierministers weder auf einer Niederländischen Auktion[20] noch bieten wir – bis jetzt – nach dem Ableben des Bischofs seine Diözese dem Geistlichen an, der das Amt zu den günstigsten Bedingungen übernehmen wird, worin auch immer die allgemeinen Vorteile von Simonie[21] liegen mögen. Wir verkaufen (mit exquisiten Sinn für Politische Ökonomie!) tatsächlich Ämter, jedoch keine Generalsposten – zumindest nicht öffentlich. Wenn wir krank sind, verlangen wir keinen Arzt, der weniger als eine Guinee[22] verlangt. Im Streit denken wir nie statt *Six-and-eightpence* nur *Four-and-sixpence*[23] zu verlangen, und von einem Regenschauer überrascht fragen wir den Kutscher nicht, ob er vielleicht einen findet, der seinen Dienst für weniger als sechs Pennys pro Meile anbietet.

Es stimmt, dass es in all diesen Fällen einen ultimativen Bezug zum Schwierigkeitsgrad der Arbeit oder der Anzahl der Bewerber für das Amt gibt und in allen denkbaren Fällen auch geben muss. Wenn man sich vorstellt, dass eine ausreichend große Zahl von Studenten die notwendige Arbeit, die es braucht ein guter Arzt zu werden, mit der Aussicht auf nur eine halbe Guinee auf sich nimmt, dann behielte der öffentliche Konsens sehr bald diese unnötige halbe Guinee ein. In diesem höchsten Sinne wird der Preis

---

[20 Versteigerung mit sinkenden Preisen]
[21 Ämterkauf]
[22 Eine Guinee = ein Altes Englisches Pfund plus ein Schilling = 21 Schilling = 252 Alte Pennys (12er System) = ein Neues Englisches Pfund und fünf Pennys = 105 Neue Pennys (Dezimalsystem). Diese entsprechen rechnerisch heute ca. 1,24 €, was aber natürlich nichts über die damalige Kaufkraft von einer Guinee aussagt.]
[23 *Six-and-eightpence*: Sechs Schilling und acht Pennys (auch *Noble* genannt) entsprechen einem Drittel (altem) Pfund. Dieser seltsame Begriff wurde im britischen Slang des späten 18. Jhd. auch synonym für einen Anwalt gebraucht, der nicht vor höheren Gerichten auftreten durfte, da das lange sein typisches Entgelt war.[xviii] Nach Shakespeare war die angemessene Bezahlung für einen Anwalt nur ein halbes *Noble*, zehn *Groat* (Groschen).[xix] Die Wendung *Four-and-sixpence* wird wohl auch heute noch gebraucht, um etwas recht Preiswertes zu bezeichnen. Zu Ruskins Zeiten verwendete Dickens u. a. in seiner Kurzgeschichte *The Dancing Academy* mehrmals diesen Ausdruck: "*It was not a dear dancing academy – four-and-sixpence a quarter is decidedly cheap upon the whole.*" (engl. = Es war keine teure Tanzschule – vier Schilling sechs Pennys die Viertelstunde ist insgesamt gesehen recht preiswert."[xx]]

für die Arbeit tatsächlich immer von der Nachfrage danach reguliert. Aber insoweit es um praktische und unmittelbare Handhabung der Sache geht, wurde und wird die beste Arbeit – und sollte jede Arbeit – immer nach einem unveränderlichen Standard entlohnt werden.

14. "Was?", antwortet der Leser vielleicht erstaunt: "Gute und schlechte Arbeiter gleich bezahlen?"

Ganz bestimmt. Der Unterschied zwischen den Predigten eines Prälaten[24] und seinen Nachfolgern oder zwischen der Meinung eines Arztes und der eines anderen ist viel größer, da Qualitäten des Geistes involviert sind. Im Ergebnis ist dieser Unterschied für jemanden persönlich auch viel wichtiger, als der zwischen guter und schlechter Maurerarbeit (obwohl der viel größer ist, als die meisten annehmen). Zufrieden zahlt man jetzt den guten und schlechten Arbeitern für die Seele und den Körper die gleichen Honorare. Wie viel mehr kann man genauso zufrieden den guten und schlechten Arbeitern am Haus in gleich hohen Löhnen bezahlen?

"Nein, denn ich suche mir meinen Arzt und (?) meinen Geistlichen aus und bekunde so meinen Sinn für die Qualität ihrer Arbeit." – Doch dann wähle auf jeden Fall auch deinen Maurer. Denn das ist die richtige Belohnung für einen guten Arbeiter – "ausgewählt" zu werden. Ein natürliches und richtiges Verfahren sollte alle Arbeit respektieren, indem es sie nach einem festen Satz bezahlt, den guten Arbeiter aber beschäftigt und den schlechten unbeschäftigt lässt. Ein falsches, unnatürliches und destruktives Verfahren aber ist es, wenn es dem schlechten Arbeiter erlaubt wird, seine Arbeit zum halben Preis anzubieten und so entweder den Platz des guten einnimmt oder ihn durch seine Konkurrenz dazu zwingt, für eine unzulängliche Summe zu arbeiten.

15. Lohngleichheit ist demnach das erste Ziel, das wir auf dem schnellsten verfügbaren Weg erreichen müssen. Und das zweite liegt wie oben bereits festgestellt darin, eine gleichbleibende Zahl von Arbeitern beschäftigt zu halten, wie hoch auch immer die gerade aktuelle Nachfrage nach dem produzierten Artikel ist.

[24 vorstehender Würdenträger christlicher Kirchen]

Ich glaube, dass die plötzlichen und umfangreichen Schwankungen der Nachfrage, die natürlicherweise in den kaufmännischen Abläufen einer tätigen Nation entstehen, die einzig wirkliche Schwierigkeit darstellen, die in einer gerechten Arbeitsorganisation überwunden werden muss.

Dieses Thema führt jedoch so weit, dass es in einer Arbeit wie dieser nicht möglich ist, alle davon betroffenen Bereiche zu behandeln. Aber die folgenden allgemeinen Tatsachen können auf dieser Grundlage abgeleitet werden:

Der Lohn, der es jedem Arbeiter ermöglicht zu leben, ist zwangsläufig höher, wenn seine Tätigkeit anfällig für Unterbrechungen ist, statt sicher und andauernd zu sein. Wie hart der Kampf um Arbeit auch immer werden kann, so bleibt doch die allgemeine Regel immer bestehen, dass man einen höheren Tageslohn erhalten muss, wenn man im Durchschnitt nur mit einem Arbeitsanfall von nur drei Tagen pro Woche kalkulieren kann, als wenn man einer sicheren Arbeit an sechs Tagen der Woche nachgeht. Angenommen man kann nicht von weniger als einem Schilling pro Tag leben, dann muss man seine sieben Schilling bekommen – entweder für drei Tage schwerer Arbeit oder für eine moderate von sechs Tagen. Alle heutigen kaufmännischen Abläufe aber tendieren dazu, sowohl die Löhne als auch den Handel zu einer Lotterie, d. h., die Bezahlung des Arbeiters vom Arbeitsanfall und den Gewinn des Direktors von geschickt genutztem Zufall abhängig zu machen.

16. Ich wiederhole noch einmal, dass ich hier nicht untersuche, bis zu welchem Grad das o. g. als Konsequenz heutiger Handelsaktivitäten notwendig sein kann. Ich begnüge mich mit der Tatsache, dass es in seinen schlimmsten Aspekten mit Sicherheit unnötig ist und lediglich aus der Liebe zum Glücksspiel von Seiten des Lohnherrn und aus der Unwissenheit und Sinnesfreudigkeit von Seiten der Arbeiter resultiert. Die Direktoren können keine Gelegenheit zur Bereicherung auslassen, hasten wie verrückt nach jedem Spalt und jeder Lücke in der Wand des Schicksals. Sie wollen reich sein um jeden Preis und lassen mit ungeduldiger Habsucht jedes Konkursrisiko außer Acht. Die Arbeiter dagegen ziehen drei Tage harter Arbeit und drei Tage Trunkenheit sechs Tagen mit moderater Arbeit und besonnenen Ruhezeiten vor. Ein Direktor, der seinen Arbeitern wirklich helfen möchte, kann dies nicht wirkungsvoller machen, als diese undisziplinierten Ange-

wohnheiten in sich selbst und seinen Arbeitnehmern zu kontrollieren. Er muss einerseits seine Geschäfte in solchen Bahnen lenken, die es ihm ermöglichen, sie sicher zu verfolgen und nicht der Versuchung riskanter Gewinne zu erliegen. Andererseits sollte er gleichzeitig seine Arbeiter zu regelmäßigen Arbeits- und Lebensgewohnheiten anleiten, indem er sie dazu bringt, lieber eine geringere Bezahlung in Form eines festen Gehalts zu akzeptieren, als hohe Löhne vorbehaltlich der Möglichkeit der Entlassung. Sofern es möglich ist, kann auch die Methode, schwere Strapazen mit namentlich hohen Tagesgeldern zu entlohnen, verworfen und die Arbeiter können an eine geringere Bezahlung für regelmäßigere Arbeit herangeführt werden.

Beim Anstoß derart radikaler Änderungen gäbe es zweifellos große Unannehmlichkeiten und Verluste bei allen Initiatoren der Bewegung. Doch was mit vollkommener Bequemlichkeit und ohne Verlust getan werden kann, ist nicht immer das, was am meisten gebraucht wird oder das, was von uns am dringlichsten verlangt wird.

17. Auf den bis jetzt bestehenden Unterschied zwischen Regimentern, die sich zur Ausübung von Gewalt und solchen, die sich mit der Absicht zur Produktion zusammengeschlossen haben, habe ich schon angespielt. Die ersteren scheinen zur Selbstaufopferung fähig zu sein, letztere nicht. Allein diese Tatsache ist der wirkliche Grund für die allgemeine Geringschätzung des Kaufmannsberufes im Vergleich zu dem des Soldaten. Philosophisch betrachtet scheint es auf den ersten Blick nicht logisch (viele Autoren haben versucht, die Unvernunft darin nachzuweisen), einen friedlichen und einsichtigen Menschen, dessen Geschäft es ist, zu kaufen und zu verkaufen, in geringeren Ehren zu halten als einen unfriedlichen und häufig unberechenbaren, dessen Geschäft das Abschlachten ist. Trotz der Philosophen hat die Menschheit dem Soldaten übereinstimmend dennoch immer den Vorrang eingeräumt.

Vollkommen zu recht.

Denn das Geschäft des Soldaten liegt wahrlich und wirklich nicht im Töten, sondern im getötet werden. Darum ehrt die Welt es, ohne seine eigentliche Bedeutung zu kennen. Das Geschäft eines Auftragsmörders ist das Töten, doch die Welt hat Auftragsmörder nie mehr respektiert als Kaufleute. Der Grund, warum sie den Soldaten ehrt, liegt darin, dass er sein Leben in den Dienst des Staates stellt. Rücksichtslos, vergnügungssüchtig und abenteuerlustig mag er sein und alle möglichen Haupt- und Nebenmotive können die Wahl seines Berufs bestimmt haben und seine tägliche Ausübung (dem Anschein nach ausschließlich) beeinflussen. Aber unsere Wertschätzung basiert auf der ultimativen Tatsache, der wir uns sehr sicher sind, dass er mit all den Vergnügungen der Welt hinter ihm und nur den Tod und seine Pflicht vor Augen, in die Mauern einer Festung gesteckt, sein Gesicht nach vorne richten wird. Er weiß, dass er mit seiner Wahl jeden Moment konfrontiert werden kann und hat seinen Anteil im Voraus übernommen – übernimmt ihn eigentlich andauernd – und stirbt in Wirklichkeit jeden Tag.[25]

18. Nicht geringer ist der Respekt, den wir dem Anwalt und dem Arzt erweisen, der schließlich auf ihrer Selbstaufopferung beruht. Wie groß auch immer die Gelehrtheit oder Scharfsinnigkeit eines großen Juristen sein mag, unser größter Respekt für ihn hängt von unserem Glauben daran ab, dass er auf dem Stuhl des Richters alles darum geben wird, gerecht zu urteilen, komme was da wolle. Müssten wir annehmen, dass er Bestechungsgelder nähme und seine Scharfsinnigkeit und Rechtskenntnisse nutzte, ungerechten Entscheidungen Glaubhaftigkeit zu verleihen, würde kein Maß an Intelligenz uns Respekt abverlangen. Nichts Geringeres wird ihn gewinnen als unsere stillschweigende Überzeugung, dass bei allen wichtigen Taten seines Lebens, Gerechtigkeit für ihn an oberster und sein eigenes Interesse erst an zweiter Stelle steht.

Im Fall des Arztes ist die Grundlage der Ehre, die wir ihm erweisen, noch klarer. In welchem Fachgebiet auch immer – wir würden vor ihm entsetzt zurückweichen, wenn wir feststellten, dass er seine Patienten nur als Versuchsobjekte betrachtet und noch viel mehr, wenn er seine ganze Sachkenntnis nutzt, um Gift unter dem Deckmantel der Medizin zu verabreichen, weil er Bestechungsgelder von Personen erhält, die am Tod der Patienten interessiert sind.

Schließlich gilt in höchster Klarheit dieser Grundsatz hinsichtlich des Respekts gegenüber der Geistlichkeit. Keine Gutmütigkeit

---

[25] s. 1. Korinther 15, 31]

wird mangelnde Sachkenntnis bei einem Arzt oder mangelnde Gerissenheit bei einem Anwalt entschuldigen. Doch auch ein nicht ganz so intelligenter Geistlicher wird auf der vorausgesetzten Grundlage seiner Uneigennützigkeit und Gewissenhaftigkeit respektiert.

19. Jetzt steht es außer Frage, dass das Taktgefühl, die Voraussicht, die Entschlossenheit und andere mentale Fähigkeiten, die für das erfolgreiche Management eines großen Handelskonzerns erforderlich sind – wenn sie schon nicht mit denen eines großen Anwalts, eines Generals oder Geistlichen vergleichbar sind –, wenigstens mit der allgemeinen Geisteshaltung im Einklang stehen sollten, die bei den Unteroffizieren eines Schiffs, eines Regiments oder bei den Hilfsgeistlichen einer ländlichen Pfarrgemeinde gefordert wäre. Wenn folglich alle aktiven Mitglieder der so genannten freien Berufe nun doch irgendwie ein höheres öffentliches Ansehen im Vergleich zur Führung eines kommerziellen Unternehmens genießen, dann muss der Grund tiefer liegen als in unterschiedlichen mentalen Fähigkeiten.

Man wird den wesentlichen Grund für derartige Bevorzugung in der Tatsache finden, dass vom Kaufmann immer angenommen wird, selbstsüchtig zu handeln. Seine Arbeit kann für die Gemeinschaft sehr wichtig sein, aber seine Beweggründe werden als voll und ganz persönlicher Natur empfunden. Die Öffentlichkeit glaubt, dass es bei seinen Geschäften das oberste Ziel des Händlers sein muss, so viel wie möglich für sich selbst zu erwirtschaften und so wenig wie möglich seinem Nachbarn (oder Kunden) zu überlassen. Man erlegt ihm dies durch politische Gesetzgebung als notwendiges Prinzip seiner Betätigung auf und empfiehlt es ihm bei jeder Gelegenheit. Umgekehrt führt die Anpassung daran dazu, dass dieses Prinzip lautstark als Gesetz des Universums verkündet wird, und es einerseits die Funktion des Käufers ist, den Preis herunterzuhandeln und andererseits die des Verkäufers, zu betrügen. Nichtsdestotrotz verdammt die Öffentlichkeit unfreiwillig den Kaufmann für seine Komplizenschaft mit ihrer eigenen Behauptung und stempelt ihn für immer als minderwertige Persönlichkeit ab.

20. Dies, so werden sie schließlich feststellen, müssen sie aufgeben. Sie dürfen nicht nachlassen, Eigennutz zu verurteilen und müssen eine Form von Handel finden, der nicht ausschließlich selbstsüchtig ist. Sie werden feststellen, dass es niemals eine

andere Art von Handel gab oder geben kann. Was Kommerz genannt wurde, war Betrug und ein wahrer Händler unterscheidet sich so sehr von einem Kaufmann nach der Regeln der heutigen Volkswirtschaft wie der Held von *Excursion*[26] von Autolycus.[27] Sie werden feststellen, dass Handel ein Tätigkeitsfeld ist, mit dem sich Gentlemen jeden Tag eingehender beschäftigen müssen als damit, Reden zu halten oder Menschen umzubringen. Sie werden auch feststellen, dass es im wahren Kommerz wie beim wahren Predigen oder im richtigen Kampf notwendig ist, die Möglichkeit eines gelegentlichen freiwilligen Verlustes einzuräumen und *Sixpence*, wie Leben, im Namen der Pflicht verloren gegeben werden müssen und dass der Markt seine Martyrien ebenso haben kann wie die Kanzel und der Handel seine Heldentümer wie der Krieg.

Haben kann, am Ende haben muss und sie bis jetzt nur noch nicht gehabt hat, weil Männer mit heroischem Charakter in ihrer Jugend immer in andere Richtungen fehlgeleitet wurden. Sie erkannten nicht, was in unseren Tagen vielleicht das wichtigste aller Betätigungsfelder ist. Obwohl ein sehr eifriger Mensch sein Leben beim Versuch verliert, ein Evangelium zu lehren, werden nur sehr wenige ein paar hundert Pfund bei der praktischen Umsetzung verlieren.

21. Tatsache ist, dass man ihnen die wahren Aufgaben eines Kaufmanns im Hinblick auf andere Menschen nie deutlich erklärt hat, und ich möchte, dass der Leser sich darüber ganz genau im Klaren ist.

---

[26] Ruskin bezieht sich hier auf Wordsworths *The Excursion* (*Die Excursion*), einem Ausschnitt aus seinem 1814 veröffentlichten Gedicht *The Recluse* (*Der Einsiedler*). Es ist nicht ganz klar, wen Ruskin als den Helden in diesem Gedicht ansieht. Aber alle Hauptcharaktere (Der Poet/Erzähler, der Wanderer und der Pastor) haben wohl die Aufrichtigkeit gemeinsam, die dem diebischen Charakter des Autolycus völlig entgegensteht.[xxi]]

[27] Autolykos ist ein Dieb in der griechischen Mythologie. Als Sohn des Gottes Hermes und der Chione stand er unter dessen Schutz und übertraf alle übrigen Menschen an Diebesfertigkeit. Er war der Großvater des Odysseus mütterlicherseits, welcher seine Gerissenheit erbte. U. a. stahl er das Vieh des Sisyphos (allerdings erfolglos) und den ledernen, mit Eberzähnen besetzten Helm Amyntors.[xxii]]

Bezogen auf die täglichen Notwendigkeiten des Lebens gab es bis jetzt fünf große intellektuelle Berufe – drei davon bestehen notwendigerweise in jeder zivilisierten Nation:

Der Beruf des Soldaten soll sie *verteidigen*,

der des Pastors sie *unterrichten*,

der des Arztes sie *gesund erhalten*,

der des Juristen *Gerechtigkeit in ihr üben* und

der des Kaufmanns sie *versorgen*.

Und die Pflicht all' dieser Menschen ist es, bei passender Gelegenheit für sie zu *sterben*.

"Bei passender Gelegenheit" heißt soviel wie:

Der Soldat, statt seinen Posten im Kampf zu verlassen,

der Arzt, statt seinen Posten in Fall einer Seuche zu verlassen,

der Pastor, anstatt die Lüge zu lehren und

der Jurist, anstatt Ungerechtigkeit zu tolerieren.

Und der Händler – worin liegt *seine* "passende Gelegenheit" zu sterben?

22. Das ist die entscheidende Frage für den Händler wie für uns alle – da wahrlich der Mensch, der nicht weiß, wann es Zeit ist zu sterben, nicht weiß wie man lebt.

Man beachte, dass es die Aufgabe des Kaufmanns (oder eines Fabrikanten, weil im weiteren Sinn, in dem der Begriff hier verwendet wird, darunter beides verstanden werden muss) ist, das Land zu versorgen. Es ist nicht mehr seine Aufgabe, Gewinn für sich selbst aus dieser Bestimmung zu erzielen, wie es die Aufgabe eines Geistlichen ist, seine Bezüge zu erhalten. Sein Gehalt ist eine gebührende und notwendige Beigabe, aber nicht das Ziel seines Lebens, sofern er ein wahrer Geistlicher ist – genauso wenig wie die Vergütung (oder das Honorar) der Lebensinhalt eines wahren Arztes ist. So ist Gewinn zu machen, auch nicht das Lebensziel eines wahren Kaufmanns. Wenn sie wahrhaftige Menschen sind, haben alle drei eine Arbeit ohne Rücksicht auf die Vergütung zu vollbringen und sie sogar um jeden Preis oder um des eigentlichen Gegenteils von Vergütung willen zu erledigen. Die Aufgabe des Pastors ist es, zu lehren, die des Arztes, zu heilen und die des Kaufmanns, wie ich bereits sagte, zu versorgen. Das heißt, er muss in aller Gründlichkeit die Qualitäten des Produkts kennen, mit dem er handelt und die Methoden, sie zu erhalten oder herzustellen. Er muss auch seinen ganzen Scharfsinn und seine Energie dazu verwenden, es in einem vollkommenen Zustand zu produzieren oder zu erhalten und es zum kleinstmöglichen Preis dort vertreiben, wo es am meisten gebraucht wird.

Und da die Produktion oder die Beschaffung jeder Ware zwangsläufig die Mitarbeit von vielen benötigt, wird der Kaufmann im Rahmen seines Geschäftsbetriebs in einem direkteren, obwohl weniger anerkannten Weg, Herr und Gouverneur einer Viehzahl von Menschen, ähnlich einem Offizier oder Pastor. Auf diese Weise liegt zu einem großen Teil die Verantwortung für das Leben, das sie führen, bei ihm, und es wird zu seiner Pflicht, nicht immer nur daran zu denken, wie man das erzeugt, was verkauft werden soll – in höchster und preiswertester Qualität –, sondern auch wie man die verschiedenen Arbeitsabläufe von Produktion oder Transport für seine Beschäftigten am vorteilhaftesten gestaltet.

23. Und so wie er für diese beiden Funktionen, die für ihre richtige Ausübung ein Höchstmaß an Intelligenz, Geduld, Güte und Taktgefühl verlangen, verpflichtet ist, seine ganze Energie einzusetzen, ist der Kaufmann bei ihrer gerechten Erfüllung auch daran gebunden, wie der Soldat oder Arzt, im Notfall sein Leben so zu geben, wie es von ihm verlangt werden kann. Zwei Hauptpunkte hat er in seiner Versorgungsfunktion zu beachten: Zuerst seine Verbindlichkeiten (die Einhaltung von Verbindlichkeiten ist die wahre Basis jeden Handels) und zweitens die Perfektion und Reinheit des angebotenen Produkts. Diese Prinzipien muss er so einhalten, dass er – eher als seinen Verbindlichkeiten nicht nachzukommen, jedem Verfall, jeder Verfälschung oder einem ungerechten und maßlos übertriebenen Preis des Produktes zuzustimmen – sich furchtlos jeder Form von Not, Armut oder Anstrengung stellt, die ihn durch die Wahrung dieser beiden Prinzipien treffen kann.

24. Noch einmal: In seinem Dienst als Gouverneur seiner Beschäftigten ist der Kaufmann oder Produzent mit einer ausge-

sprochen väterlichen Autorität und Verantwortung ausgestattet. In den meisten Fällen wird ein Jugendlicher, der einer kommerziellen Einrichtung beitritt, völlig dem häuslichen Einfluss entzogen. Sein Meister muss zu seinem Vater werden, denn sonst hat er für praktische und andauernde Hilfe keinen zur Hand. Auf jeden Fall wird die Autorität des Meisters zusammen mit dem allgemeinen Umgangston, der Atmosphäre des Betriebs und den Charakteren der Menschen, mit denen der Jugendliche im weiteren Verlauf gezwungen ist, zusammenzuarbeiten, mehr unmittelbares und größeres Gewicht haben, als der häusliche Einfluss, und es wird diesen gewöhnlich entweder zum Guten oder Schlechten neutralisieren. Die einzige Möglichkeit, die der Meister hat, um Gerechtigkeit gegenüber seinen Beschäftigten zu üben, ist, sich streng zu fragen, ob er einen Unterstellten wie seinen eigenen Sohn behandeln würde, wenn er durch die Verhältnisse dazu gezwungen wäre, eine solche Stellung anzunehmen.

Angenommen, der Kapitän einer Fregatte hielte es für richtig oder wäre vielleicht dazu verpflichtet, seinen eigenen Sohn in der Position eines gewöhnlichen Matrosen anzustellen. So wie er dann seinen Sohn behandelte, wird er immer verpflichtet sein, jeden Untergebenen zu behandeln. Also auch, wenn angenommen der Meister einer Manufaktur es für richtig hielte oder vielleicht dazu verpflichtet wäre, seinen eigenen Sohn als gewöhnlichen Arbeiter einzustellen, so wird er immer verpflichtet sein, jeden seiner Arbeiter wie seinen Sohn zu behandeln. Das ist die einzige wirksame, wahre oder praktische REGEL, die man der Nationalökonomie zum jetzigen Zeitpunkt geben kann.

Und wie der Kapitän eines Schiffs dazu verpflichtet ist, der Letzte zu sein, der sein Schiff im Falle eines Schiffbruchs verlässt und der seine letzte Kruste mit den Matrosen in einer Hungersnot teilt, so ist der Fabrikant in jeder Wirtschaftskrise oder Notlage dazu verpflichtet, das Leiden zusammen mit seinen Arbeitern und sogar noch mehr davon auf sich zu nehmen, als er es ihnen zumutet – so wie ein Vater in einer Hungersnot, bei einem Schiffbruch oder Kampf sich für seinen Sohn opfern würde.

25. Das klingt alles sehr sonderbar. Doch das einzig wirkliche Sonderbare daran ist nichtsdestotrotz, dass es so klingt. Denn alles dies ist wahr – nicht nur teilweise oder theoretisch, sondern ewig und praktisch. Jede andere politische Doktrin ist von ihren Prämissen her falsch, absurd in der Durchführung, unanwendbar

in der Praxis und steht dem Fortschritt eines Landes im Weg. Alle Lebendigkeit, die wir jetzt als Nation besitzen, zeigt sich in der entschlossenen Verneinung und Verachtung der den Massen gelehrten ökonomischen Grundsätze durch einige starke Geister und ergebene Herzen. Denn insoweit diese Prinzipien akzeptiert werden, führen sie gerade in den nationalen Untergang. Was einerseits die Arten und Formen dieses Untergangs angeht und andererseits die weitere praktische Umsetzung eines echten Gemeinwesens, so hoffe ich, dies in einem folgenden Aufsatz weiter zu erörtern.

Essay II – Die Adern des Reichtums

26. DIE Antwort, die von jedem normalen Nationalökonomen auf die Behauptungen der vorhergehenden Ausführungen gegeben würde, lautet in wenigen Worten wie folgt:

"Es stimmt tatsächlich, dass sich bestimmte Vorteile allgemeiner Natur durch die Entwicklung von sozialer Zuwendung ergeben können. Aber Nationalökonomen erklärten, noch erklären nie, Vorteile allgemeiner Natur in Betracht zu ziehen. Unsere Wissenschaft ist einfach nur die Wissenschaft, reich zu werden. Weit davon entfernt, trügerisch oder visionär zu sein, wurde durch Erfahrung festgestellt, dass sie praktisch wirksam ist. Menschen, die ihren Vorgaben folgen, werden wirklich reich und die, die sie missachten, werden arm. Jeder Kapitalist Europas hat sein Vermögen durch das Befolgen der bekannten Gesetze unserer Wissenschaft erworben und vergrößert sein Kapital täglich, indem er sie weiter beachtet. Es hat keinen Zweck, logische Gedankenspiele gegen die Kraft vollendeter Tatsachen zu setzen. Jeder Geschäftsmann weiß aus Erfahrung, wie Geld gemacht wird und wie es verloren geht."

Ich bitte um Entschuldigung. Natürlich wissen Geschäftsleute wie sie ihr Geld gemacht oder es bei Gelegenheit verloren haben. Ein lang geübtes Spiel spielend, sind sie mit den Chancen ihres Blatts vertraut und können ihre Verluste und Gewinne genau erklären. Aber sie wissen weder, wer der Inhaber der Kasinobank ist, noch welche anderen Spiele mit denselben Karten gespielt werden oder welche anderen Verluste und Gewinne weit weg in den dunklen Straßen, obwohl unsichtbar, wesentlich von den ihren in den beleuchteten Zimmern abhängen. Sie haben einige und nur einige der Gesetze der kaufmännischen Wirtschaft[28] erkannt, aber nicht ein einziges der Politischen Ökonomie.

27. Vor allem beobachte ich, was sehr bemerkenswert und seltsam ist, dass Geschäftsleute selten die Bedeutung des Wortes „reich" kennen. Sofern sie sie kennen, berücksichtigen sie wenigstens die Tatsache nicht, dass es ein relatives Wort ist, was

---

[28 Heute würde man statt kaufmännischer Wirtschaft „Betriebswirtschaft" oder „Privatwirtschaft" sagen.]

sein Gegenteil „arm" ebenso sicher einbezieht wie das Wort "Norden" seinen entgegengesetzten "Süden". Die Leute sprechen und schreiben fast immer so, als ob Reichtümer absolut wären, und dass es durch das Befolgen bestimmter wissenschaftlicher Prinzipien für jeden möglich wäre, reich zu sein. Reichtümer sind dagegen eine Kraft wie die Elektrizität, die nur durch Ungleichheit oder Negierung von sich selbst entsteht. Die Macht der Guinee, die du in deiner Tasche hast, hängt voll und ganz vom Fehlen der Guinee in der Tasche deines Nachbarn ab. Wenn er sie nicht wollte, würde sie dir nichts bringen. Die Macht, die sie besitzt, hängt exakt von dem Bedürfnis oder Wunsch ab, den er danach hat. Und die Kunst, im gewöhnlichen kaufmännischen Sinne reich zu werden, entspricht deshalb gleichwertig der und ist zwangsläufig die Kunst, deinen Nachbarn arm zu halten.

Ich würde in dieser Sache (und selten in irgendeiner Angelegenheit) nicht um die Akzeptanz von Begriffen kämpfen. Aber ich möchte, dass der Leser klar und deutlich den Unterschied zwischen den beiden Wirtschaftsarten versteht, denen die Begriffe "politisch" und "kaufmännisch" nicht unbesonnener Weise zugeordnet werden dürfen.

28. Volkswirtschaft (die Wirtschaft eines Staates oder von Bürgern) besteht einfach in der Produktion, Bewahrung und dem Vertrieb nützlicher oder angenehmer Dinge zur besten Zeit und am bestgeeigneten Ort. Der Bauer, der sein Gras zur rechten Zeit mäht, der Schiffszimmermann, der seine Bolzen in tadelloses Holz treibt, der Baumeister, der gute Ziegel in gut durchmischten Mörtel legt, die Hausfrau, die sich um die Möbel im Wohnzimmer kümmert und sich gegen jeden Abfall in ihrer Küche verwehrt und die Sängerin, die ihre Stimme richtig diszipliniert und niemals überanstrengt, sind alle Volkswirtschaftler im wahren und letzten Sinn. Sie vermehren kontinuierlich die Reichtümer und das Wohlergehen des Landes, dem sie angehören.

Aber die kaufmännische Wirtschaft, die Wirtschaft von merces[29] oder des "Lohns", bedeutet in den Händen von Individuen die Anhäufung von rechtlichem oder moralischem Anspruch auf oder die Macht über die Arbeitskraft anderer, wobei jeder derartige An-

---

[29 lat. = u. a. Honorar, Lohn, Sold, Gehalt]

spruch genau soviel Armut oder Schulden auf einer Seite einbezieht, wie Reichtümer oder Ansprüche auf der anderen.
Privatwirtschaft schließt deshalb eine Vergrößerung des gegenwärtigen Besitzes oder Wohlergehens des Staates, in dem sie
besteht, nicht notwendigerweise ein. Aber da dieser privatwirt-
schaftliche Reichtum oder die Macht über die Arbeitskraft fast
immer in einem Zug in Grundbesitz konvertiert werden kann, aber
nicht umgekehrt, bezieht sich die Idee von Reichtümern unter arbeitenden Menschen in zivilisierten Nationen allgemein auf ge-
winnorientierten Reichtum. Bei der Veranschlagung ihrer Besitztümer kalkulieren sie deshalb eher den Wert ihrer Pferde und
Felder anhand der Menge Guineen, die sie für sie erhielten, als
über den Wert der Guineen, die der Zahl der Pferde und Felder
entspricht, die sie davon kaufen könnten.

29. Es gibt jedoch einen anderen Grund für diese Denkgewohn-
heit: Denn eine Anhäufung von Grundbesitz allein nützt seinem
Eigentümer wenig, solange er nicht zusammen damit wirtschaftliche Macht über Arbeitskraft hat. Angenommen jemand erlangt
Besitz über ein großes Stück fruchtbaren Landes, mit reichen
Goldvorkommen in seinen Kiesen, ungezählten Viehherden auf
seinen Weiden, mit Häusern und Gärten und Lagern gefüllt mit
nützlichen Vorräten. Aber weiter angenommen, dass er schließlich keine Arbeitskräfte bekommen könnte? Um Arbeitskräfte zu
bekommen, muss jemand in seiner Nachbarschaft arm sein und
von seinem Gold oder seinem Getreide etwas abhaben wollen.
Nimmt man an, dass keiner vom einen noch vom anderen etwas
haben will und dass keine Arbeitskräfte ausfindig gemacht werden können, dann muss er folglich sein Brot selbst backen, seine
Kleidung selbst nähen, den Acker selber pflügen und seine Her-
den selber hüten. Sein Gold wird für ihn ebenso nützlich sein wie
alle anderen gelben Kieselsteine auf seinem Land. Seine Vorräte
müssen verrotten, weil er sie nicht verbrauchen kann, denn er
kann nicht mehr essen und nicht mehr Kleidung tragen als ein
anderer Mensch. Sogar um sich nur etwas einfachen Komfort zu
verschaffen, muss er ein Leben harter und gewöhnlicher Arbeit
führen. Schließlich wird er außer Stande sein, die Gebäude in-
stand zu halten, die Felder in Kultur und gezwungen, sich wie ein
armer Mann mit einer Hütte und einem Garten zufrieden zu geben – in der Mitte eines wüsten Ödlandes, dass von wildem Vieh
zertrampelt wird und auf dem die Ruinen der Schlösser stehen,

mit denen er sich selbst kaum lächerlich machen wird, indem er sie "sein Eigen" nennt.

30. Ich nehme an, dass selbst die Begehrlichsten Reichtümer dieser Art und zu diesen Bedingungen mit nur geringer Begeisterung annehmen würden. Was im Namen von Reichtümern wirklich gewünscht wird, ist im Wesentlichen die Macht über Arbeitskräfte. Im einfachsten Sinne ist es die Macht, sich zu unserem eigenen Vorteil die Arbeitskraft eines Hausangestellten, Händlers und Künstlers zunutze zu machen, im weiteren Sinne die Autorität, die vielen Mäuler des Landes verschiedenen (dem Charakter der reichen Person entsprechend guten oder schädlichen) Zielen zuzuführen. Diese Macht des Reichtums ist natürlich größer oder geringer in Abhängigkeit von der Armut der Menschen, über die sie ausgeübt wird und steht im umgekehrten Verhältnis zur Zahl der Personen, die ebenso reich sind wie wir selbst und die bereit sind, denselben Preis für einen Artikel zu bezahlen, dessen Verfügbarkeit beschränkt ist. Wenn der Musiker arm ist, wird er für ein kleines Entgelt singen, solange nur eine Person da ist, die ihn bezahlen kann. Aber wenn dort zwei oder drei sind, wird er für denjenigen singen, der ihm am meisten bietet. Und so hängt die Macht des Reichtums des Mäzens – immer mangelhaft und zweifelhaft, selbst, wenn äußerst autoritär wie wir heute sehen (s. §39 [S. 62]) – zuerst von der Armut des Künstlers ab und danach von der Beschränkung der Zahl von ebenso wohlhabenden Personen, die auch Plätze im Konzert wollen. So liegt, wie oben festgestellt, die Kunst, nach gesundem Menschenverstand "reich" zu werden, nicht unbedingt oder schließlich darin, viel Geld für uns selbst anzuhäufen, sondern es auch zu schaffen, dass unsere Nachbarn weniger haben. Genauer gesagt ist es "die Kunst, eine möglichst große Ungleichheit zu unseren Gunsten zu etablieren."

31. Auf abstrakte Weise kann die Errichtung solcher Ungleichheit nicht als vorteilhaft oder nachteilig für das Land dargestellt werden. Die überstürzte und absurde Annahme, dass solche Ungleichheiten zwangsläufig vorteilhaft sind, ist die Wurzel der meisten populären Trugschlüsse zum Thema Politische Ökonomie. Denn das ewige und unvermeidliche Gesetz in dieser Sache ist, dass die Vorteilhaftigkeit der Ungleichheit zunächst von den Mitteln abhängt, mit denen sie erreicht wurde und zweitens von den Absichten, mit denen sie angewandt wird. Ungleichheiten im Wohlstand, die ungerecht geschaffen wurden, haben dem Land

mit Sicherheit geschadet, in dem sie während ihrer Errichtung bestehen. Und ungerecht beibehalten, schaden sie ihm noch mehr während ihres Bestehens. Aber Ungleichheiten im Wohlstand, die gerechterweise errichtet werden, nützten dem Land bei ihrer Etablierung und edel verwendet, helfen sie ihm noch mehr durch ihre Existenz. Unter allen tätigen und gut regierten Menschen führt also die unterschiedliche Stärke von Individuen, unter voller Belastung erprobt und verschiedener Notwendigkeit speziell angepasst, zu ungleichen aber harmonischen Ergebnissen und erhält ihrer Art und Leistung entsprechend Belohnung oder Autorität.* In einer untätigen oder schlecht regierten Nation dagegen,

---

* Natürlich wurde ich mehrmals hinsichtlich der Aussage im ersten Kapitel "und den schlechten Arbeiter unbeschäftigt" [s. S. 41] befragt: "Aber was machen Sie mit Ihren schlechten unbeschäftigten Arbeitern?" Nun, es scheint mir, dass Ihnen diese Frage schon vorher begegnet sein könnte. Die Stelle Ihres Hausmädchens ist frei. Sie zahlen 20 Pfund im Jahr. Zwei Mädchen stellen sich vor, eine ordentlich gekleidet, die andere schmutzig. Die eine hat gute Empfehlungen, die andere keine. Unter diesen Umständen fragen Sie nicht das schmutzige, ob sie für 15 oder für 12 Pfund kommen würde und nähmen es, sofern es zustimmt, statt des Mädchens mit guten Referenzen. Noch weniger versuchen Sie, dass sich beide gegenseitig unterbieten, bis Sie beide einstellen können, die eine für 12 Pfund im Jahr, die andere für acht. Sie nehmen einfach die am besten geeignete und schicken die andere fort – vielleicht ohne sich so große Sorgen um die Frage zu machen, die Sie mir nun ungeduldig stellen: „Was wird aus ihr?" Denn alles, was ich Ihnen rate, ist, Arbeiter so zu behandeln wie Hausangestellte, und wahrlich ist die Frage von Gewicht: "Ihr schlechter Arbeiter, Faulenzer und Schurke – was machen Sie mit ihm?"
Wir werden dies gleich hier in Betracht ziehen [s. §79, S. 120]. Doch man sollte bitte bedenken, dass die Verwaltung einer vollständigen volkswirtschaftlichen Ordnung und Industrie nicht bis ins letzte Detail auf 12 Seiten erklärt werden kann. Da es zugegebenermaßen einige Schwierigkeiten im Umgang mit Gaunern und Faulenzern gegeben hat, sollte in der Zwischenzeit überlegt werden, ob es nicht ratsam wäre, so wenig wie möglich von ihnen zu produzieren? Betrachtet man die Geschichte der Gauner, so stellt man fest, dass sie ebenso gewerbliche Erzeugnisse sind wie alle anderen auch. Und dies ist nur so, da unser gegenwärtiges nationalökonomisches System einen so großen Anreiz für ihre Herstellung bietet, dass man es als falsch erkennen kann. Wir hätten besser nach einer Ordnung gesucht, die ehrenhafte Menschen hervorbringt, als nach einer, die listig mit Vagabunden handelt. Lasst uns unsere Schulen

treiben die Stufen des Zerfalls und die Siege des Verrats auch ihr eigenes raues System von Unterwerfung und Erfolg voran und ersetzen die harmonische Ungleichheit kooperativer Kraft durch ungerechte Überlegenheiten und Depressionen von Schuld und Unglück.

32. So ähnelt der Umlauf des Reichtums in einer Nation dem des Blutes im Körper. Die eine Beschleunigung des Blutstroms entsteht aus Heiterkeit oder gesunder Übung und eine andere aus Scham oder Fieber. Das eine Erröten des Körpers ist voll von Wärme und Leben und das andere ein Vorzeichen des Verfalls.

Diese Analogie kann man sogar bis ins Kleinste fortführen. So wie eine lokale Erkrankung des Blutes eine Depression der allgemeinen Gesundheit nach sich zieht, wird man feststellen, dass jede krankhafte örtlich begrenzte Handlung der Reichen schließlich zu einer Schwächung der Ressourcen des Gemeinwesens führt.

Die Art und Weise wie das geschieht, kann sofort durch die Untersuchung von ein oder zwei Beispielen der Entwicklung von Wohlstand unter den einfachsten Umständen verstanden werden.

33. Angenommen zwei Matrosen finden sich als Schiffbrüchige an einer unbewohnten Küste wieder und sind dazu genötigt, sich durch eigene Arbeit für einige Jahre selbst zu versorgen.

Wenn sie beide ihre Gesundheit behielten und beständig und in Freundschaft zusammenarbeiteten, könnten sie sich ein zweckmäßiges Haus bauen und mit der Zeit eine gewisse Menge an Kulturland besitzen – zusammen mit verschiedenen für zukünftigen Gebrauch angesammelten Vorräten. Alle diese Dinge wären reale Reichtümer oder Eigentum und angenommen, dass die Männer beide gleich schwer gearbeitet haben, hätte jeder das Recht auf einen gleichgroßen Anteil und Gebrauch desselben. Ihre nationale Ökonomie würde nur in der sorgfältigen Bewahrung und gerechten Aufteilung dieser Besitzungen bestehen. Vielleicht wäre jedoch nach einiger Zeit der eine oder andere mit den Ergebnissen ihrer einfachen Landwirtschaft unzufrieden, und sie könnten übereinkommen, das Land, das sie unter den Spaten

---

reformieren, und wir werden nur geringe Reformen in unseren Gefängnissen brauchen.

gebracht hatten, in gleiche Teile aufzuteilen, so dass jeder von da an in seinem eigenen Feld arbeiten und davon leben könnte. Angenommen, dass nachdem diese Verabredung getroffen wurde, einer von ihnen krank werden und außer Stande sein würde, sein Land zur richtigen Zeit zu bearbeiten – z. B. beim Aussäen oder der Ernte.

Er würde natürlich den anderen bitten, für ihn zu säen oder zu ernten.

Dann könnte sein Begleiter mit voller Berechtigung sagen: "Ich werde diese zusätzliche Arbeit für dich tun. Aber wenn ich es tue, musst du versprechen, genauso viel für mich zu einer anderen Zeit zu tun. Ich werde zählen, wie viele Stunden ich auf deinem Land verbringe, und du musst mir ein schriftliches Versprechen geben, für mich die gleiche Zahl von Stunden auf meinem zu arbeiten, wann auch immer ich deine Hilfe brauche und du im Stande bist, sie zu geben."

34. Angenommen, die Krankheit des arbeitsunfähigen Mannes dauert an, und er muss unter verschiedenen Umständen und über mehrere Jahre hinweg die Hilfe des anderen in Anspruch nehmen. Bei jeder Gelegenheit gab er ein schriftliches Versprechen, gemäß den Wünschen seines Begleiters und sobald er dazu fähig war, für dieselbe Zahl von Stunden zu arbeiten, die der andere ihm geleistet hatte. In welcher Lage werden die beiden Männer sein, wenn der Kranke wieder im Stande ist, die Arbeit aufzunehmen?

Als "Polis"[30] oder Staat gesehen werden sie ärmer sein, als sie es ansonsten gewesen wären: ärmer durch den Entzug dessen, was die Arbeit des kranken Mannes in der Zwischenzeit erzeugt hätte. Sein Freund könnte vielleicht mit einer durch den erhöhten Bedarf vermehrten Anstrengung geschuftet haben. Aber am Ende müssen sein eigenes Land und Eigentum durch den Abzug von so viel seiner Zeit und Überlegung gelitten haben. Und der vereinigte Besitz der beiden Männer wird sicher geringer sein, als er es ge-

---

[30] Als „Polis" (altgr. πόλις = Stadt, Staat) wird gewöhnlich der antike griechische Stadtstaat als städtischer Siedlungskern ... mit einem dazugehörigen Umland ... bezeichnet. Die typische Polis war eine Bürgergemeinde bzw. ein Personenverband ...[xxiii]]

wesen wäre, wenn beide sowohl gesund, als auch tätig geblieben wären.

Aber auch die Beziehungen, in denen sie zu einander stehen, werden auch stark verändert. Der kranke Mann hat seine Arbeitskraft nicht nur für einige Jahre verpfändet, sondern wird wahrscheinlich auch seinen Anteil an den gesammelten Vorräten erschöpft haben und zu seiner Ernährung in der Folge für einige Zeit vom anderen abhängig sein, was er nur "bezahlen" oder ihm entlohnen kann, indem er noch mehr von seiner eigenen Arbeitskraft verpfändet.

Angenommen, dass die schriftlichen Versprechungen als voll und ganz gültig angesehen werden (in zivilisierten Nationen wird ihre Gültigkeit durch gesetzliche Maßnahmen gesichert*), dann kann sich der, der bisher für beide gearbeitet hatte, wenn er möchte, ganz zur Ruhe setzen und seine Zeit mit Untätigkeit verbringen. Er kann nicht nur seinen Begleiter zwingen, alle Verpflichtungen einzulösen, die er schon eingegangen ist, sondern von ihm in willkürlicher Menge die Verpfändung von weiterer Arbeitskraft für die Nahrungsmittel verlangen, die er ihm vorschießen muss.

35. Bei diesem Arrangement könnte es vom ersten bis zum letzten nicht die kleinste Unrechtmäßigkeit (im gewöhnlichen Sinn des Wortes) geben. Aber wenn ein Fremder in dieser fortgeschrittenen Epoche ihrer Nationalökonomie an der Küste landete, wür-

---

* Die bestehenden Auseinandersetzungen, die sich auf die wahre Natur des Geldes beziehen, resultieren eher daraus, dass die Disputanten seine Funktionen von verschiedenen Seiten aus beleuchten, als aus irgendeiner wirklichen Meinungsverschiedenheit. Jede Art von Geld, was man ordnungsgemäß darunter versteht, ist eine Anerkennung von Schuld. Aber als solche kann es entweder als Repräsentation der Arbeitskraft und des Eigentums des Kreditgebers bzw. der Untätigkeit und der Not des Schuldners gesehen werden. Die Komplexität der Frage wurde noch weiter vergrößert durch den (bis dato notwendigen) Gebrauch von marktfähigen Waren wie Gold, Silber, Salz, Muscheln usw., um der Währung einen intrinsischen Wert oder Sicherheit zu verleihen. Aber die letzte und beste Definition von Geld besteht darin, dass es ein dokumentiertes, von der Nation ratifiziertes und garantiertes Versprechen ist, auf Verlangen eine bestimmte Menge an Arbeit bereitzustellen oder zu finden. Die Tagesleistung eines Arbeiters ist ein besserer Wertestandard als das Maß irgendeiner Produktion, denn kein Erzeugnis bewahrt jemals einen gleichbleibenden Grad an Produzierbarkeit.

de er einen kommerziell gesehen *reichen* Mann vorfinden und den anderen kommerziell gesehen *arm*. Er würde vielleicht nicht wenig überrascht den einen seine Tage in Untätigkeit verbringen sehen und den anderen für beide arbeitend, sparsam lebend und in der Hoffnung, seine Unabhängigkeit in einer fernen Zukunft wiederzuerlangen.

Dies ist natürlich nur ein Beispiel von vielen, wie sich Ungleichheit von Besitz zwischen verschiedenen Personen entwickeln kann und die die privatwirtschaftlichen Formen von Reichtum und Armut verursachen kann. In unserem Beispiel könnte einer der Männer von Anfang an absichtlich beschlossen haben, müßig zu sein und sein Leben als Pfand für die gegenwärtige Bequemlichkeit zu setzen. Oder er könnte sein Land schlecht verwaltet haben und gezwungen worden sein, auf seinen Nachbar für Essen und Hilfe zurückzugreifen und seine zukünftige Arbeitskraft dafür zu verpfänden. Doch was ich dem Leser zur Kenntnis geben möchte, ist besonders die Tatsache, die für viele charakteristischen Fälle dieser Art normal ist, dass die Errichtung privatwirtschaftlichen Reichtums, der in einem Anspruch auf Arbeitskraft besteht, eine politische Verringerung des wahren Wohlstands bedeutet, der im Wesentlichen aus substanziellen Besitztümern besteht.

36. Nehmen wir ein anderes Beispiel, das mehr mit den normalen Handelsabläufen übereinstimmt: Statt der beiden bildeten drei Männer die kleine isolierte Republik und fanden sich genötigt, sich zu trennen, um verschiedene, ein Stück voneinander entfernte Ländereien entlang der Küste zu bewirtschaften. Jedes Anwesen stellt unterschiedliche Erzeugnisse zur Verfügung und jedes ist mehr oder weniger von dem Material abhängig, das auf dem anderen Anwesen produziert wird. Nehmen wir an, dass der dritte Mann, um die Zeit von allen dreien zu sparen, einfach nur den Transport von Waren von einer Farm zur anderen unter der Bedingung beaufsichtigt, einen ausreichend lohnenden Anteil von jedem Paket der beförderten Waren oder ein anderes im Austausch dafür zu erhalten.

Wenn dieser Überbringer oder Bote zu jedem Anwesen immer das vom anderen zur rechten Zeit bringt, was dringend gebraucht wird, werden die Betriebe der beiden Bauern erfolgreich weiterlaufen und von der kleinen Gemeinschaft wird das bestmögliche Ergebnis hinsichtlich Produktion oder von Wohlstand erreicht.

Aber weiter angenommen, dass außer dem des reisenden Agenten kein Handelsverkehr zwischen den Grundbesitzern möglich ist. Und nach einiger Zeit behält dieser Agent – die Betriebsabläufe jedes Bauern beobachtend – ihm anvertraute Waren zurück bis eine Periode äußerster Not auf der einen oder anderen Seite eintritt und fordert dann als Entgelt für sie alles, was der besorgte Bauer von seinen anderen Produkten entbehren kann. Es ist leicht zu erkennen, dass der Agent durch genaues Abpassen seiner Gelegenheiten sich regelmäßig den größeren Teil der entbehrlichen Produktion von beiden Anwesen aneignen könnte und schließlich in einem Jahr schwerster Prüfung oder Knappheit beide für sich selbst erwerben kann und auch die ehemaligen Besitzer von da an als seine Arbeitskräfte oder Diener behalten könnte.

37. Das wäre ein Fall kommerziellen Wohlstandes, der genauestens nach den Grundsätzen der heutigen Nationalökonomie erworben wurde. Aber noch deutlicher als im vorhergehenden Beispiel zeigt sich, dass der Reichtum des Staates – oder der drei als eine Gesellschaft betrachteten Männer – insgesamt geringer ist, als wenn sich der Kaufmann mit einem gerechteren Profit zufrieden gegeben hätte. Die Transaktionen der beiden Landwirte sind auf das Äußerste eingeschränkt worden; und die andauernden Beschränkungen der Versorgung mit Gütern, die sie in kritischen Zeiten brauchen, zusammen mit der Entmutigung, die aus der Verlängerung des bloßen Existenzkampfs ohne jede Aussicht auf permanenten Gewinn resultiert, müssen sich die tatsächlichen Ergebnisse ihrer Mühe ernstlich verringert haben. Die Vorräte, die sich schließlich in den Händen des Händlers angehäuft haben, werden in keiner Art und Weise denjenigen gleichwertig sein, die, wäre sein Handel ehrlich gewesen, gleichzeitig die Speicher der Bauern und seine eigenen gefüllt hätten.

Die ganze Fragestellung, die nicht nur die Vorteile, sondern auch den Grad an nationalem Wohlstand berücksichtigt, löst sich deshalb schließlich in eine nach abstrakter Gerechtigkeit auf. Aus einer gegebenen Menge an erworbenem Wohlstand ist es, nur aufgrund der Tatsache seiner Existenz, nicht möglich, zu schließen, ob er der Nation, in der er besteht, Gutes oder Schlechtes bescheinigt. Sein wirklicher Wert hängt von dem ihm beiwohnenden moralischen Wert ebenso eindeutig ab, wie der einer mathematischen Menge von ihrem Vorzeichen. Jede gegebene Anhäufung kommerziellen Wohlstands kann einerseits für verlässliche Industrien, fortschrittliche Energien und produktiven Einfallsreichtum bezeichnend sein. Doch auf der anderen Seite kann sie auch ein Zeichen von morbidem Luxus, gnadenloser Tyrannei und ruinöser Schikane sein. Einige Schätze wiegen schwer vor menschlichen Tränen wie eine schlecht gelagerte Ernte mit unzeitigem Regen. Und manches Gold strahlt im Sonnenlicht heller als von sich aus.

38. Man beachte, dass dies nicht nur moralische oder pathetische Attribute von Reichtum sind, die der, der nach Reichtümern strebt, wenn er will, außer Acht lassen kann. Es sind wörtlich und streng genommen materielle Attribute von Reichtümern, die den monetären Wert der in Frage stehenden Summe unberechenbar vermindern oder erhöhen. Die eine Summe ist das Ergebnis der Handlung, die zehnmal so viel bei ihrer Anhäufung geschaffen hat und die andere der Handlung, die genauso viel vernichtet hat. So viele starke Hände wurden gelähmt, wie von Nachtschatten betäubt, der Mut so vieler starker Männer gebrochen, so viele produktive Verfahren verhindert – dies und die falsche Ausrichtung der Arbeit sowie das trügerische Bild des Wohlstands, aufgestellt in den Ebenen von Dura[31] und eingegraben in die siebenfach beheizten Brennöfen.[32] Das, was Reichtum zu sein scheint, kann in Wahrheit nur ein vergoldeter Hinweis auf weitreichenden Ruin sein, die Handvoll aufgelesener Münzen eines Strandräubers von der Küste, an die er ein reich beladenes Handelsschiff gelockt hat, ein Lumpenbündel, das guten gefallenen Soldaten von einem Marketender[33] vom Leib gerissen wurde; das Stück Land vom Töpferacker, wo der Bürger und der Fremde zusammen begraben werden sollen.[34]

So ist die Idee, dass Anleitungen für das Streben nach Wohlstand ohne Rücksicht auf seine moralischen Ursprünge gegeben werden können oder dass irgendein allgemeines und technisches Gesetz von Erwerb und Gewinn zur praktischen Anwendung auf

---

[31] s. Daniel 3, 1ff]
[32] s. Daniel 3, 8ff]
[33] Ein Marketender ist ein ziviler Kaufmann, der Proviant an Armeen im Feld, im Camp oder Quartier verkauft.[xxiv] Die verkauften Waren stammten (früher) aber auch von den Gefallenen.]
[34] s. Matthäus 27, 6f]

nationaler Ebene aufgestellt werden kann, vielleicht die wohl unverschämt sinnloseste, die der Menschheit jemals hinsichtlich ihrer Laster etwas vormachte. Soweit ich weiß, gibt es in der Geschichtsaufzeichnung nichts die menschliche Intelligenz derartig Beschämendes wie die heutige Vorstellung, dass die kommerzielle Haltung "Kaufe so billig wie möglich ein und verkaufe so teuer wie möglich" ein erreichbares Prinzip nationaler Ökonomie darstellt bzw. unter allen Umständen darstellen könnte. Einkaufen auf dem billigsten Markt? – Ja. Aber was machte den Markt billig? Nach einem Brand kann Holzkohle aus Dachgebälk recht preiswert sein, und nach einem Erdbeben Ziegel auf der Straße recht billig. Aber Feuer und Erdbeben müssen deshalb nicht von nationalem Vorteil sein. Verkaufen am teuersten? – Ja, mit Sicherheit. Aber was machte den Markt teuer? Heute verkaufst du dein Brot gut. War es an einen sterbenden Mann, der seine letzte Münze dafür gab und kein Brot je wieder brauchen wird? Oder war es an einen reichen, der morgen deine Farm über deinen Kopf hinweg kaufen wird? Oder war es an einen Soldaten, der dabei war, die Bank auszuplündern, der du dein Vermögen anvertraut hast?

Nichts davon kann man wissen. Nur eins kann man wissen: nämlich, ob dein Geschäft ein gerechtes und zuverlässiges ist. Und dies zu beachten ist alles, worum du dich kümmern musst. So bist du sicher, deinen Teil dazu beigetragen zu haben, der Welt letztlich eine Qualität von Dingen zu geben, die nicht in Plünderung oder Tod münden. Und so verschmilzt jede Frage hinsichtlich dieser Dinge schließlich mit der großen Frage der Gerechtigkeit, auf die ich, nachdem der Boden dafür soweit bereitet wurde, im folgenden Aufsatz eingehen werde. Hier möchte ich dem Leser zunächst nur drei Hauptpunke zur weiteren Betrachtung überlassen.

39. Es wurde gezeigt, dass der Hauptwert und die Eigenschaft des Geldes darin liegen, dass es Macht über Menschen hat, dass ohne diese Macht große materielle Besitztümer nutzlos sind und Geld für jeden, der solche Macht besitzt, relativ unnötig ist. Aber Macht über Menschen kann durch andere Mittel erlangt werden als über das Geld. Wie ich einige Seiten vorher feststellte (§30 [S. 54]), ist die Macht des Geldes immer unvollkommen und zweifelhaft. Es gibt viele Dinge, die man damit nicht erreicht und andere, die dadurch nicht bewahrt werden können. Viel Freude kann Menschen gegeben werden, die für Gold nicht gekauft und viel

Treue kann in ihnen stecken, die damit nicht belohnt werden kann.

Banal genug – denkt der Leser. Ja, aber so banal wiederum auch nicht – ich wünschte es wäre so. Denn in dieser moralischen Kraft, obgleich ziemlich unergründlich und unermesslich, liegt ein ebenso wirklicher Wert wie in den massiveren Währungen. Die Hand eines Menschen kann voll unsichtbaren Goldes sein, und ein Wink oder Druck damit kann mehr erreichen, als die Unmengen von Goldbarren eines anderen. Dieses unsichtbare Gold vermindert sich auch nicht notwendigerweise, indem man es ausgibt. Nationalökonomen werden eines Tages besser damit beraten sein, das zu beherzigen, obwohl sie es nicht bemessen können.

Aber weiter. Da die Essenz des Reichtums in seiner Autorität über Menschen besteht, versagt er in seiner Essenz, wenn der offenbare oder wirkliche Reichtum dieser Macht versagt und hört tatsächlich auf, überhaupt Reichtum zu sein. Es scheint in England in letzter Zeit nicht gerade so zu sein, dass die Autorität über Menschen absolut ist. Die Diener stürmen aufgebracht die Treppe hinauf, wenn sie den Eindruck haben, dass ihre Löhne nicht regelmäßig bezahlt werden. Wir sollten dem Besitz jedes Herrn nichts Gutes prophezeien, dem so etwas jeden zweiten Tag in seinem Salon passiert.

Also scheint auch die Macht unseres Reichtums durch die Annehmlichkeit und das Ruhigverhalten der Hausangestellten eingeschränkt zu sein. Ist das Küchenpersonal schlecht gekleidet, schmutzig und halbverhungert, kann man sich vorstellen, dass der Wohlstand des Establishments von sehr akademischem und dokumentarischem Charakter sein muss.

40. Wenn schließlich die Essenz von Reichtum in der Macht über Menschen besteht, ist es dann nicht folgerichtig, dass der Wohlstand umso größer ist, je edler und zahlreicher die Personen sind, über die er Macht hat? Vielleicht scheint es sogar nach einiger Überlegung, dass die Personen selbst der Reichtum *sind* – und dass diese Goldstücke, mit denen wir die Angewohnheit haben, sie zu führen, tatsächlich nichts anderes sind als eine Art byzantinisches Pferdegeschirr oder Zaumzeug, glitzernd und schön im barbarischen Anblick, mit dem wir die Kreaturen aufzäumen. Aber wenn dieselben lebenden Wesen ohne das Gescheure und Ge-

klimper Byzants[35] in ihren Mäulern und Ohren geführt werden, dürften sie wertvoller sein als ihre Zügel. Tatsächlich könnte man feststellen, dass die wahren Adern des Reichtums purpurn sind und nicht in Stein, sondern im Fleisch verlaufen. Und vielleicht entdeckt man sogar, dass das Resultat und die Vollendung allen Wohlstands in der Produktion von so vielen kerngesunden Menschen wie möglich, mit strahlenden Augen und frohen Herzen liegt. Unser heutiger Wohlstand tendiert wie ich meine eher in eine andere Richtung. Den meisten Nationalökonomen zufolge scheint die Mehrheit der Menschen dem Wohlstand nicht zuträglich oder ihm bestenfalls nur in einem halbblinden und kurzatmigen Zustand dienlich zu sein.

41. Trotzdem bleibt, wie ich bereits sagte, die ernsthafte Frage offen, die ich dem Leser zum Nachsinnen überlasse, ob sich Seelen hoher Qualität nicht letztlich unter allen nationalen Erzeugnissen als die einträglichsten herausstellen werden? Nein, in einer weit entfernten und noch ungeahnten Stunde kann ich mir sogar vorstellen, dass England alle Gedanken an Wohlstand durch Besitz zurück zu den barbarischen Nationen schickt, bei denen sie zuerst auftauchten. Und während die Sande des Indus und Adamant[36] von Golkonda[37] die Ställe der Schlachtrösser schon verstärken und vom Turban des Sklaven blitzen, wird England

---

[35] Der *Byzant* oder *Bezant* [war auch] eine in Byzanz geprägte Goldmünze [und bis ins frühe Mittelalter in ganz Europa ein gebräuchliches Zahlungsmittel, z. T. auch als *Solidus* bezeichnet. In England war sie] gebräuchlich bis sie vom *Noble*, einer Münze Edward III (1312–1377) abgelöst wurde.[xxv] Als *Bezant* wurden auch scheibenförmige Ornamente bezeichnet, die in der Form der klassischen *Patera* [flache Schüssel mit Handgriffen] sehr ähnlich waren und speziell an der Frontseite von *Archivolten* [Torbögen] verwendet wurden.[xxvi]]
[36] Adamant ... oder ähnliche Wörter bezeichnen ein fiktives, sehr hartes Mineral, Kristall, Metall oder einen ebenso robusten (Halb-)Edelstein. ... In der Antike wurde Adamant vorwiegend auf Metalle bezogen, im Mittelalter sprach man von einem Mineral. ... [Heute] wird Adamant wieder vorwiegend als Synonym für besonders robuste Metalle verwendet – kristallartige Strukturen bleiben dem Diamanten vorbehalten.[xxvii]]
[37] Golkonda ... ist eine alte Festungs- und Ruinenstadt 11 Kilometer westlich von Hyderabad im Bundesstaat Andhra Pradesh, Indien. ... [In] früherer Zeit [war sie] durch die Diamanten bekannt, die in der Region gefunden und hier geschnitten und poliert wurden.[xxviii]]

schließlich als christliche Mutter die Tugenden und Schätze einer
heidnischen erbeuten und ihre Söhne mit den Worten führen:

"Dies sind meine Juwelen."[38]

[[38] Ruskin spielt hier auf die in Valerius Maximus' *Factorum et dictorum memorabilium* (dt. Ausgabe (u. a.): *Sammlung merkwürdiger Reden und Thaten*) erwähnte Cornelia, die Mutter der Gracchen, einer vornehmen plebejischen Familie, an: „*Cornelia, Gracchorum mater, cum Campana matrona, apud illam hospita, ornamenta sua pulcherrima illius saeculi ostenderet, traxit eam sermone, donec e scola redirent liberi, et 'haec' inquit 'ornamenta sunt mea*"[xxix], lat. = „Es befand sich einst eine Kampanische Matrone als Gast bei Kornelia, der Mutter der Gracchen, und zeigte derselben ihren gesammten Schmuck, welcher für die damaligen Zeiten bedeutend war. Nun spann Kornelia dieses Gespräch so lange fort, bis ihre Kinder aus der Schule kamen, und rief dann aus: „das ist mein Schmuck!"[xxx]]

Essay III – *Qui Judicatis Terram*[39]

42. EINIGE Jahrhunderte vor der christlichen Zeitrechnung hinter-
ließ ein jüdischer Händler[40] – der geschäftlich stark an der Gold-
küste engagiert war und von dem berichtet wurde, eines der
größten Vermögen seiner Zeit gemacht zu haben (und der auch
einen Ruf wegen seines großen praktischen Scharfsinns genoss)
– unter seinen Wirtschaftsbüchern einige Maxime über den Wohlstand, die seltsamerweise sogar bis in unsere Tage bewahrt wurden. Mit großem Respekt behandelt wurden sie von den enga-
giertesten Händlern des Mittelalters und besonders von den Ve-
nezianern bewahrt, die sogar so weit in ihrer Bewunderung gin-
gen, eine Statue des alten Juden an der Ecke eines ihrer wichtigen öffentlichen Gebäude anzubringen.[41] In jüngeren Jahren sind
diese Schriften in Verruf geraten, da sie bis ins Kleinste dem
Geist des heutigen Handels entgegenstehen. Trotzdem werde ich
hier eine Passage oder zwei daraus teilweise wiedergeben. Teilweise, weil sie den Leser aufgrund ihrer Neuheit interessieren
dürften und vornehmlich, da sie ihm zeigen werden, dass es für
einen sehr praktischen und erwerbstüchtigen Großhändler möglich ist, eine nicht erfolglose Karriere hindurch, grundsätzlich zwischen recht- und unrechtmäßig erworbenem Reichtum zu unterscheiden. Dabei muss es unsere Aufgabe sein, diesen Grundsatz
genauer zu untersuchen, als ich es z. T. bereits in meinem letzten
Aufsatz tat.

43. An einer Stelle sagt er z. B.: "Wer Schätze sammelt mit Lügen, der wird fehlgehen und ist unter denen, die den Tod suchen."[42] An einer anderen fügt er mit derselben Bedeutung hinzu
(er hat eine merkwürdige Weise, seine Aussagen zu wiederho-
len): "Unrecht Gut hilft nicht; aber Gerechtigkeit errettet vom Tode."[43] Beide Passagen sind aufgrund der Versicherung des Todes als dem einzig echten Problem und Ergebnis von unrecht-

---

[39 lat. = Die ihr auf Erden richtet.]
[40 Mit dem jüdischen Händler ist hier und im weiteren Verlauf König Salomon, der 3. König von Israel und Sohn von König David gemeint.]
[41 Kapitelornament am Dogenpalast in Venedig mit einer Darstellung
des Salomonischen Urteils.[xxxi]]
[42 Sprichwörter 21, 6]
[43 Sprichwörter 10, 2]

mäßig erworbenem Wohlstand bemerkenswert. Wenn wir statt "Lügen" "verlogenes Etikett, Titel, Anspruch oder Reklame" lesen, werden wir die Tragweite der Worte im heutigen Geschäftsleben deutlicher wahrnehmen. Die Suche nach dem Tod ist ein imposanter Ausdruck für den wahren Kurs menschlicher Bemühungen in derartigem Geschäft. Wir reden so, als ob der Tod uns jagte, und wir flohen vor ihm. Aber das ist nur selten so. Normalerweise maskiert er sich, macht sich schön, ist voller Herrlichkeit. Doch nicht wie die Tochter des Königs ist er innerlich voller Herrlichkeit[44], sondern trägt äußerlich Kleider aus gehämmertem Gold. Verzweifelt jagen wir ihm den ganzen Tag hinterher, und er flieht oder versteckt sich vor uns. Doch der krönende Abschluss des Lebens besteht darin, ihn ganz und gar in seiner ewigen Wahrheit zu ergreifen und festzuhalten – als Mantel, Asche und Stachel.

Nochmals: Der Kaufmann sagt: "Wer dem Armen Unrecht tut, mehrt ihm seine Habe; wer einem Reichen gibt, schafft ihm nur Mangel."[45] Und noch deutlicher: "Beraube den Armen nicht, weil er arm ist, und unterdrücke den Geringen nicht im Gericht; denn der HERR wird ihre Sache führen und wird ihre Bedrücker bedrücken."[46]

Dieses "Berauben des Armen, weil er arm ist", ist die besondere kaufmännische Form des Diebstahls, der darin besteht, die Bedürfnisse eines Menschen auszunutzen, um seine Arbeit oder Eigentum zu einem reduzierten Preis zu erhalten. Die entgegengesetzte Form des gewöhnlichen Straßenraubs – die Beraubung des Reichen, weil er reich ist – scheint nicht so oft in den Überlegungen des alten Händlers aufzutauchen. Weil es weniger gewinnbringend und gefährlicher ist, als die Beraubung der Armen, wird es wahrscheinlich von besonnenen Personen selten ausgeübt.

44. Aber die beiden bemerkenswertesten Passagen in ihrer tiefen allgemeinen Bedeutung sind die folgenden:

"Reiche und Arme begegnen einander; der HERR hat sie alle gemacht."[47]

[44 s. Psalmen 45, 14]
[45 Sprichwörter 22, 16]
[46 Sprichwörter 22, 22f]
[47 Sprichwörter 22, 2]

"Reiche und Arme haben sich getroffen, Gott ist ihr Licht."[48]

Sie "begegnen einander" – wörtlicher, sie trafen sich auf ihrem Weg (*obviaverunt*[49]). Das heißt, solange die Welt besteht, wird die Aktion und Gegenaktion von Reichtum und Armut, ihr Aufeinandertreffen von Angesicht zu Angesicht, ein ebenso festes wie notwendiges Gesetz dieser Welt sein wie das Wasser der Flüsse zum Meer fließt oder elektrischer Strom sich in den Wolken entlädt. – "Der Herr hat sie alle gemacht." Aber diese Tat kann entweder sanft und gerecht oder erschütternd und destruktiv sein. Sie kann sich in der Wut einer alles verschlingenden Flut ausdrücken oder zufällig in einer dienstbaren Welle – in der Dunkelheit eines Donnerschlags oder als permanente Lebenskraft, sanft und als Liebesgeflüster von weit her. Und was davon es sein soll, hängt davon ab, ob es sowohl den Reichen als auch den Armen bewusst ist, dass Gott allein ihr Licht ist und dass es im Mysterium des menschlichen Lebens kein anderes gibt, durch das sie das Gesicht des anderen sehen und leben können. – Das Licht, das in einem anderen der Bücher, in denen die Grundsätze des Händlers bewahrt wurden, als die "Sonne der Gerechtigkeit"[*, 50]

[48 Sprichwörter 29, 13, als Übersetzung der *Vulgata*: „*Pauper et creditor obviaverunt sibi: utriusque illuminator est Dominus.*"[xxxii]]

[49 *ob*, lat. = gegen, entgegen; *via*, lat. = Weg, Straße; *obviare*, lat. = entgegen kommen, entgegen gehen.]

* Genauer gesagt, der „Sonne der Richtigkeit" [oder auch „Berechtigung", „Genauigkeit"]. Aber statt des harten Wortes "Richtigkeit" hat das gemeinhin verwendete alte englische Wort „*righteousness*" [engl. = Redlichkeit, Aufrichtigkeit], indem es mit "Frömmigkeit" verwechselt oder ihm verschiedene andere vage oder nicht mehr gültige Bedeutungen zugeordnet wurden, die meisten davor bewahrt, die Bedeutung des Abschnitts zu begreifen, in dem es auftaucht. Das Wort „Aufrichtigkeit" bezieht sich sachlich gesehen auf die Gerechtigkeit des Gesetzes oder Rechtes im Unterschied zur „Gleichheit" [d. h. Gleichbehandlung, ohne Ansehen der Person], die sich auf eine gerechte Ausgewogenheit bezieht. Im weiteren Sinne ist die Aufrichtigkeit die Gerechtigkeit der Könige und Gleichheit die Gerechtigkeit der Richter. Der König leitet oder regiert alle, der Richter teilt auf oder unterscheidet zwischen Gegensätzen. (Darum die doppelte Frage: Mensch: "Wer hat mich zum Richter – δικαστής – oder Erbschlichter – μεριστής – über euch gemacht?") [s. Lukas 12, 14]. Folglich leiten wir mit Bezug auf die Gerechtigkeit der Wahl (Auswahl, die schwächere und passive Gerechtigkeit) von *lego* [lat. = ich wähle, entscheide], *lex* [lat. = Gesetz, Bestimmung], *legal* [engl. = rechtmäßig, legal], *loi* [franz. = Gesetz] und *loyal* [engl. = ergeben, loyal] und i.

bezeichnet wurde und von der versprochen wird, dass sie schließlich "Heilung" (gesundheitsfördernd oder helfend, vollständig machend oder vereinend) mit ihren Flügeln bringen soll.[51] Wahrlich, diese Heilung ist nur durch Gerechtigkeit möglich. Keine Liebe, kein Glaube und keine Hoffnung wird das erreichen. Solange werden die Menschen unerfüllt lieben und vergebens glauben, bevor sie nicht in erster Linie gerecht sind. Und über Generation hinweg war der Fehler der Besten, zu denken, dass man den Armen durch Almosen hilft, mit dem Predigen von Geduld und Hoffnung oder anderen Mitteln der Linderung oder des Trostes, außer mit der einen Sache, die Gott für sie verlangt – Gerechtigkeit.

Aber diese Gerechtigkeit in Begleitung ihrer Heiligkeit bzw. Hilfsbereitschaft, die sogar von den Besten vor Gericht bestritten wird, wird von der Mehrheit der Menschen gehasst, wo auch immer sie in Erscheinung tritt. Als sie eines Tages vor die Wahl gestellt wurden, verleugneten sie den Hilfsbereiten und Gerechten und wünschten sich, dass ihnen ein Mörder, Aufwiegler und Räuber übergeben wurde – den Mörder statt des Herrn des Lebens, den Aufwiegler statt des Prinzen des Friedens und den Räuber statt des Gerechten Richters der ganzen Welt.[*, 52]

45. Gerade habe ich vom Strom der Flüsse zum Meer als teilweises Sinnbild für die Wirkung von Reichtum gesprochen. In einer Beziehung jedoch ist es kein partielles, sondern ein vollkommenes. Der im Trend liegende Nationalökonom glaubt, er habe klugerweise entdeckt, dass Wohlstand oder Formen des Eigentums im Großen und Ganzen dahin gehen müssen, wo sie verlangt werden, dass, wo Nachfrage besteht, das Angebot folgen muss. Weiter erklärt er, dass dieser Fluss von Angebot und Nachfrage nicht durch menschliche Gesetze verhindert werden kann. Genauso und mit derselben Gewissheit fließen die Wasser der Welt

---

B. a. die Gerechtigkeit des Gesetzes (Anordnung, die stärkere und aktive Gerechtigkeit) von *rego* [lat. = ich lenke, leite, richte, beherrsche], *rex* [lat. = König, Prinz], *regal* [engl. = königlich, majestätisch], *roi* [franz. = König] und *royal* [engl. = königlich, fürstlich] ab.
[50 s. Weisheit 5, 6]
[51 Maleachi 3, 20, bzw. 4, 2 in der *Vulgata*]
* An anderer Stelle heißt es mit derselben Bedeutung: „ein Gerechter und ein Helfer", [Sacharja 9, 9].
[52 s. Apostelgeschichte 3, 14; Matthäus 27, 15–26 (u. a.)]

dahin, wo sie gebraucht werden. Wohin das Land sich neigt, dahin fließt das Wasser. Weder der Lauf der Wolken noch der der Flüsse kann durch menschlichen Willen verhindert werden. Aber ihr Temperament und ihr Management können durch menschliche Planung verändert werden. Ob der Strom ein Fluch oder ein Segen sein soll, hängt von der Arbeit des Menschen und organisierender Intelligenz ab. Seit vielen Jahrhunderten wurden große Teile der Welt, reich an Boden und begünstigt im Klima, durch die Gewalt ihrer Flüsse verwüstet und nicht nur verwüstet, sondern mit Seuchen geschlagen. Richtig geleitet wäre der Strom zur sanften Bewässerung von Feld zu Feld geflossen, hätte die Luft gereinigt, Mensch und Tier Nahrung gegeben und ihre Lasten in seinem Schoß getragen. Nun überflutet er die Ebene und vergiftet den Wind. Sein Atem ist Pestilenz und sein Werk Hungersnot. Auf ähnliche Weise geht dieser Wohlstand „dahin, wo er verlangt wird." Keine menschlichen Gesetze können seinem Lauf widerstehen. Sie können ihn nur leiten. Aber ein leitender Graben und ein begrenzender Damm können das so gründlich tun, dass er zum Wasser des Lebens[53] wird – die Reichtümer der Hand der Weisheit.* Oder, indem sie ihn seinem eigenen richtungslosen Lauf überlassen, machen sie ihn im Gegenteil wie schon zu oft, zur letzten und tödlichsten nationalen Plage, zum Wasser von Mara – dem Wasser, das die Wurzel allen Übels ist.[54]

Die Notwendigkeit von Gesetzen zur Beschränkung des Vertriebs wird vom normalen Nationalökonomen merkwürdigerweise bei der Definition seiner eigenen "Wissenschaft" übersehen. Er nennt sie kurz die "Wissenschaft, reich zu werden." Aber es gibt viele Wissenschaften und Künste, um reich zu werden. Leute von hohem Ansehen zu vergiften, war im Mittelalter weit verbreitet. Das Essen der kleinen Leute zu korrumpieren, ist die Wissenschaft, die größtenteils heute praktiziert wird. Die alte und ehrenwerte *Highland*-Methode der Schutzgelderpressung, das modernere und weniger ehrenhafte Verfahren, Waren auf Kredit zu beziehen und die anderen verschiedentlich verbesserten Methoden der Aneignung – die wir, in großen und kleineren Industrien, bis hinunter zum kunstfertigsten Taschendiebstahl, dem neuen Genie

---

[53] s. Offenbarung 21, 6; 22, 1; 22, 7]
* "Langes Leben ist in ihrer rechten Hand, in ihrer linken ist Reichtum und Ehre", [Sprichwörter 3, 16]
[54] s. 2. Moses 15, 23]

verdanken – versammeln sich alle unter dem gemeinsamen Dach der Wissenschaften oder Künste vom Reichwerden.

46. Wenn der Nationalökonom seine Wissenschaft als eine Par-excellence-Methode ansieht, reich zu werden, dann ist klar, dass er ihrem Charakter einige ungewöhnliche Ideen der Beschränkung auferlegen muss. Ich hoffe, ihn mit der Annahme nicht falsch wiederzugeben, dass er *seine* Wissenschaft als eine betrachtet, durch die man "auf legale und gerechte Weise reich wird." Sind aber die Worte "gerecht" oder "legal" in dieser Definition schließlich tragfähig? Denn in bestimmten Nationen, unter bestimmten Regenten oder durch die Hilfe bestimmter Anwälte ist es durchaus möglich, dass Verhandlungen legal sein können, die keineswegs gerecht sind. Wenn wir schließlich nur das Wort "gerecht" an dieser Stelle unserer Definition belassen, wird das Einfügen dieses kleinen Wortes allein einen bemerkenswerten Unterschied in der Grammatik unserer Wissenschaft machen. Daraus folgt, dass wir, um im wissenschaftlichen Sinn reich zu werden, zunächst reich an Gerechtigkeit werden und folglich wissen müssen, was gerecht ist. Dann wird unsere Wirtschaft nicht nur von *Prudentia*[55], sondern von *Iurisprudentia*[56] abhängen – und vom göttlichen und nicht vom menschlichem Recht. Welche Vernunft folgt tatsächlich keiner höheren Ordnung und hält sich, wie sie war, hoch in den Weiten des Himmels und mit ewigem Blick auf das Licht der Sonne der Gerechtigkeit? Darum werden die Seelen, die sich darin übertroffen haben, von Dante als Sterne dargestellt, die im Himmel auf ewig die Figur eines Adlerauges bilden.[xxxiii] Sie unterschieden zu Lebzeiten Licht von Dunkelheit oder waren der ganzen Menschheit das Licht des Körpers – das Auge.[57] Während jene Seelen, die die Flügel des Vogels bilden und so der Gerechtigkeit Kraft und Herrschaft verleihen ("Heilung in ihren Flügeln"), auch mit Licht die Inschrift im Himmel nachziehen: "*DILIGITE JUSTITIAM QUI JUDICATIS TERRAM*."[58] "Ihr, die ihr auf

---

[55] lat. = Klugheit, kluges Vorgehen, Voraussicht, Erfahrung]

[56] lat. = Rechtswissenschaft, Juristerei]

[57] s. Matthäus 6, 22]

[58] lat. = „Achtet (oder nach Ruskin: Liebt sorgsam) die Gerechtigkeit, die ihr auf Erden richtet." Vers aus Dantes *Göttlicher Komödie*, den Hertz wie folgt ins Deutsche überträgt: „*'DILIGITE JUSTITIAM'*, so begann / Die Schrift mit Zeit- und Hauptwort aufzustieben; / *'QUI IUDICATIS TERRAM'*, kam sodann", (Quelle der „Himmelsschrift": s. Weisheit 1, 1).[xxxiv]]

Erden richtet, liebt sorgsam die Gerechtigkeit", (man beachte, nicht nur „liebt", sondern „liebt sorgsam"), eine Liebe also, die sorgfältig danach sucht, wohl überlegt ist und sie allem anderen vorzieht. Welche Rechtsprechung oder welches Gericht auf Erden erfordert hinsichtlich Kapazität und Stellung nicht nur Richter oder Regenten, sondern alle Menschen?[*1] Eine Wahrheit, die traurigerweise sogar von denen aus den Augen verloren wurde, die bereit genug sind, sich selbst den Abschnitten zu stellen, in denen von Christen als „Heiligen" (hilfsbereit oder heilbringend) und "als auserwählten Königen"[59] (lehrend oder leitend) gesprochen wird. Die wahre Bedeutung dieser Bezeichnungen ging schon lange durch die Vortäuschung von Heiligkeit und Königtum durch unnütze und unfähige Personen verloren und auch durch die einst populäre Idee, dass beides aus dem Tragen langer Roben und hoher Kronen bestehen soll, statt aus Gnade und Rechtsprechung. Dabei besteht jede wahre Heiligkeit in der Macht, zu erlösen, ebenso wie jedes wahre Königtum die Macht hat, zu herrschen. Und Ungerechtigkeit ist ein fester Bestandteil der Leugnung jener Kraft, die es den Menschen ergehen lässt „wie den Fischen im Meer, wie dem Gewürm, das keinen Herrn hat."[*2]

47. Absolute Gerechtigkeit ist tatsächlich so wenig erreichbar wie absolute Wahrheit. Aber der gerechte Mensch unterscheidet sich vom unaufrichtigen durch seinen Wunsch und seine Hoffnung auf Gerechtigkeit, so wie sich der Wahrhaftige vom Lügner durch Wunsch und Hoffnung auf Wahrheit auszeichnet. Und obwohl ab-

---

[*1] Ich höre, dass einige Anwälte sehr amüsiert über die Behauptung im ersten Aufsatz gewesen sind, dass es die Aufgabe eines Anwalts ist, Gerechtigkeit zu üben. Das habe ich nicht im Spaß gemeint. Nichtsdestoweniger wird man sehen, dass in der obigen Passage weder die Bestimmung noch die Ausübung von Gerechtigkeit als dem Anwalt völlig fremd angesehen werden. Möglicherweise ist es besser für ein Land, je mehr von seinen stehenden Armeen – ob Soldaten, Pastoren oder Gesetzgeber (der allgemeine Begriff "Pastor" schließt alle Lehrer und der Begriff "Anwalt" alle Geber oder Ausleger des Gesetzes ein) – von der Kraft des nationalen Heroismus, der Weisheit und der Ehrlichkeit aufgehoben werden.

[59 Offenbarung 1, 6; Psalmen 101, 1]

[*2] Es war das Privileg der Fische wie der Ratten und Wölfe, dass sie nach den Gesetzen von Angebot und Nachfrage leben. Aber es ist das Merkmal der Menschheit, nach denen des Rechts zu leben [s. Habakuk 1, 14].

solute Gerechtigkeit unerreichbar ist, kann doch soviel, wie wir für praktische Zwecke brauchen, von allen erreicht werden, die sie sich zum Ziel machen.

Demzufolge müssen wir im uns vorliegenden Thema untersuchen, was gerechte Gesetze hinsichtlich der Bezahlung von Arbeit bedeuten – was nicht unbedingt einen kleinen Teil der Grundlagen der gesamten Rechtskunde darstellt.

In meinem vorherigen Aufsatz habe ich die Idee monetärer Bezahlung auf ihre einfachsten oder radikalsten Prinzipien reduziert. An diesen Prinzipien und dem Zustand der sich darauf beziehenden Gerechtigkeit, kann ihre Natur am besten festgemacht werden.

Wie dort bereits festgestellt, besteht die Zahlung von Geld an jemanden, der für uns arbeitet, in einem radikalen Versprechen, dass wir ihm für die Zeit und Arbeit, die er heute in unserem Dienst verbringt, zukünftig gleichviel Zeit und Arbeit geben oder beschaffen werden, wenn er es einfordert.[*]

Wenn wir versprechen, ihm weniger Arbeit zu geben, als er uns gegeben hat, unterbezahlen wir ihn. Versprechen wir, ihm mehr Arbeit zu geben, als er uns gegeben hat, überbezahlen wir ihn. Wenn praktisch gesehen zwei bereit sind, eine Arbeit zu leisten, und es gibt nur einen Auftraggeber, so unterbieten sich gemäß Angebot und Nachfrage die beiden Männer, und derjenige, der den Zuschlag erhält, wird unterbezahlt. Aber wenn zwei eine Arbeit erledigt haben wollen, und gibt es nur einen, der bereit ist, sie zu übernehmen, überbieten sich die beiden Auftraggeber, und der Arbeiter wird überbezahlt.

---

[*] Zunächst könnte es so aussehen, als ob der Marktwert der Arbeit einen derartigen Austausch ausdrückt. Aber dies ist ein Trugschluss, denn der Marktwert ist der momentane Preis für die Art der gerade erforderlichen Arbeit. Doch der gerechte Preis ist das Äquivalent zur produktiven Arbeit der Menschheit. Dieser Unterschied wird zu seiner Zeit analysiert werden. Es muss auch festgestellt werden, dass ich hier nur über den Tauschwert von Arbeit spreche, nicht über den von Waren. Der Tauschwert einer Ware entspricht dem der Arbeit, die für ihre Herstellung notwendig war, multipliziert mit dem Grad der Nachfrage danach. Wenn der Wert der Arbeit = x und der Grad der Nachfrage = y ist, dann ist der Tauschwert der Ware xy, und wenn $x = 0$ oder $y = 0$ ist, dann ist $xy = 0$.

48. Ich werde diese beiden Punkte der Ungerechtigkeit später untersuchen. Aber zuerst möchte ich, dass der Leser das Hauptprinzip von richtiger oder gerechter Bezahlung, das zwischen den beiden liegt, klar versteht.

Wenn wir irgendjemanden bitten, uns einen Dienst zu leisten, kann er dies entweder ohne Berechnung tun oder eine Bezahlung dafür fordern. Was die Gratisleistung angeht, so steht es gegenwärtig außer Frage, dass dies eine Sache gegenseitiger Gewogenheit ist – nicht aber des Handelsverkehrs. Aber wenn er Bezahlung dafür fordert, und wir ihn mit völliger Ausgewogenheit behandeln wollen, ist es einleuchtend, dass dies nur im Tausch von Zeit für Zeit, von Arbeitskraft für Arbeitskraft und von Fertigkeit für Fertigkeit möglich ist. Wenn jemand eine Stunde für uns arbeitet, und wir versprechen nur, eine halbe Stunde für ihn zu arbeiten, gewinnen wir einen ungerechten Vorteil. Versprechen wir im Gegenteil eineinhalb Stunden für ihn zu arbeiten, liegt der unrechte Vorteil bei ihm. Gerechtigkeit besteht im völlig gleichwertigen Austausch, oder, wenn Rücksicht auf die Lage der Parteien genommen werden muss, einem Tausch, der nicht zu Gunsten des Auftraggebers ausfällt. Es gibt sicherlich keinen gerechten Grund, dass ich einem armen Mann, der mir heute ein Pfund Brot gibt, morgen weniger als ein Pfund zurückgeben sollte und auch nicht dafür, dass ich im Auftrag eines schlecht ausgebildeten Menschen, der ein bestimmtes Maß an Sachkenntnis und Wissen in meinem Auftrag anwendet, weniger Fähigkeiten und Wissen gebrauchen sollte. Vielleicht kann es schließlich sogar reizvoll oder wenigstens gnädig sein, zu sagen, dass ich ein bisschen mehr geben sollte, als ich erhielt. Aber im Moment kümmern wir uns nur um das Gesetz der Ausgewogenheit, um das des vollkommenen und genauen Austauschs. Nur ein Umstand stört die Einfachheit dieser radikalen Idee von gerechter Bezahlung, nämlich, dass Arbeit (richtig angeleitet) fruchtbar ist. Und genau wie beim Säen sollte die Frucht (oder die "Zinsen" wie sie genannt werden) der zuerst oder "im Voraus" geleisteten Arbeit in die Kalkulation einbezogen und durch eine zusätzliche Menge an Arbeit in der nachfolgenden Vergütung aufgewogen werden. Angenommen, die Erstattung findet am Ende des Jahres oder zu jeder anderen gegebenen Zeit statt, so kann diese Berechnung überschlägig gemacht werden. Da aber Geldzahlungen (d. h. Bargeld) keine Rücksicht auf die Zeit nehmen (es bleibt der bezahlten Person überlassen, ob sie das, was sie erhalten hat, sofort oder erst nach Jahren ausgibt), können wir nur allgemein annehmen, dass der Person ein kleiner Vorteil eingeräumt werden muss, die die Arbeit im Voraus leistet. Die typische Form des Abkommens wird also sein: Wenn du heute eine Stunde für mich arbeitest, werde ich bei Bedarf eine Stunde und fünf Minuten für dich arbeiten. Wenn du mir heute ein Pfund Brot gibst, gebe ich dir bei Bedarf 17 Unzen[60] usw. Alles, was der Leser zur Kenntnis nehmen sollte, ist, dass der zurückgegebene Betrag wenigstens genauso groß und nicht *geringer*, als der gegebene Betrag ist.

Die abstrakte, den Arbeiter respektierende Idee gerechter oder passender Löhne besteht demnach in einem Geldbetrag, der ihm jederzeit wenigstens soviel Arbeit beschaffen wird, wie er geleistet hat – eher mehr als weniger. Und man beachte, dass diese Ausgewogenheit oder Gerechtigkeit in der Bezahlung völlig unabhängig von der Anzahl der Männer ist, die bereit sind, die Arbeit zu tun. Ich brauche ein Hufeisen für mein Pferd: 20 Schmiede oder 20.000 Schmiede mögen bereit sein, es zu schmieden. Doch ihre Anzahl beeinflusst nicht im Geringsten die Frage der gerechten Bezahlung desjenigen, der es *wirklich* schmiedet. Es kostet ihn eine Viertelstunde seines Lebens und so und soviel Sachkenntnis und Kraft seines Arms, ein Hufeisen für mich anzufertigen. In der Zukunft werde ich somit, der Gleichheit verpflichtet, eine Viertelstunde meines Lebens und einige Minuten mehr (oder die einer anderen Person, die zu meiner Disposition steht) und genauso viel Armeskraft und Sachkenntnis und ein wenig mehr geben, um das herzustellen oder zu leisten, woran der Schmied Bedarf hat.

49. Dies ist die abstrakte Theorie gerechter und rentabler Bezahlung. Die praktische Anwendung wird jedoch durch die Tatsache modifiziert, dass der Auftrag für Arbeit, der durch die Bezahlung erfolgt, ein allgemeiner ist, während die empfangene Arbeit spezifisch ist. Die Münze oder das Dokument sind praktisch ein Auftrag an die Nation für eine bestimmte Menge Arbeit irgendeiner Art. Und diese universelle Anwendbarkeit auf das unmittelbare Bedürfnis machen sie so viel wertvoller, als spezielle Arbeit es sein

---

[60] Ein britisches Pfund (ca. 454 g) entsprechen 16 Unzen. Zurückgegeben wird also eine Unze mehr. Hier hat Ruskin die Korrektur gegenüber dem *Cornhill Magazine* eingefügt, wo es ursprünglich 13 Unzen waren (s. S. 23).]

kann. So wird ein Auftrag für eine geringere Menge dieser allgemeinen Anstrengung immer als gerechte Entsprechung für eine größere Menge spezifischer Arbeitsleistung akzeptiert werden. Jeder Handwerker wird immer bereit sein, eine Stunde seiner eigenen Arbeit zu leisten, um Verfügung über eine halbe Stunde oder sogar viel weniger nationaler Arbeit zu erhalten. Diese Quelle der Unsicherheit, zusammen mit der Schwierigkeit, den Geldwert von Fähigkeiten zu bestimmen*, macht die Festlegung (so-

---

* Unter dem Begriff "Fähigkeit" fasse ich Erfahrung, Verstand und Leidenschaft bei der Verrichtung handwerklicher Arbeit zusammen, und unter "Leidenschaft" verstehe ich die ganze Bandbreite und Wirkung moralischer Gefühle. Letztere reichen von einfacher Geduld und Gutmütigkeit, die dem Handgriff Kontinuität und Feinheit verleihen oder jemanden in die Lage versetzen, ohne Ermüdung oder mit gutem Ergebnis doppelt so lang wie jemand anderes zu arbeiten, bis hin zu den Charaktereigenschaften, die Wissenschaft möglich machen (die Behinderung der Wissenschaft durch Missgunst ist eine der größten ökonomischen Verluste des gegenwärtigen Jahrhunderts) und den nicht kommunizierbaren Emotionen und der Vorstellungskraft, die die vornehmsten und mächtigsten Quellen der Kunst sind.

Es ist höchst außergewöhnlich, dass die politischen Ökonomen bis jetzt, wenn schon nicht das moralische, nicht wenigstens das Element der Leidenschaft als unabdingbaren Faktor in jeder Gleichung erkannt haben. Ich kann z. B. nicht verstehen, dass Mr. Mill seiner richtigen Ahnung insoweit gefolgt ist, dass er schrieb: „Der Wichtigkeit der Gedanken an und für sich kann selbst vom rein productiven und materiellen Gesichtspunkte aus keine Grenze gesetzt werden",[xxxv] ohne zu erkennen, dass es logischerweise auch notwendig war „des Gefühls an sich" hinzuzufügen. Und dies um so mehr, da er in seiner ersten Definition von Arbeit "alle Empfindungen unangenehmer Art … alles geistige Missbehagen, welche mit einer besonderen Beschäftigung verbunden sind"[xxxvi] einschließt. Richtig. Aber warum nicht auch „angenehmer Art"? Es ist schwer vorstellbar, dass Gefühle, die die Arbeit verlangsamen, ein wesentlicherer Teil der Arbeit sind, als die, die sie beschleunigen. Die ersten werden als Schmerz entlohnt, die zweiten als Kraft. Der Arbeiter wird bloß für die ersteren entschädigt, aber die letzteren produzieren sowohl einen Teil des Tauschwerts der Arbeit, als dass sie auch materiell die tatsächlich geleistete Menge an Arbeit vergrößern.

„Fritz ist bei uns. *Er* ist 50.000 Mann wert."[xxxvii] Wahrlich ein großer Zuwachs an materieller Stärke. Man beachte jedoch, dass diese Stärke nicht mehr aus Abläufen in Fritzens Kopf besteht, sondern aus Abläufen, die im Herzen seiner Brigaden ausgeführt werden. „Der Wichtigkeit der Gedanken *an sich* kann keine Grenze gesetzt werden." Vielleicht nicht!

gar die ungefähre) einer angemessenen Bezahlung irgendeiner gegebenen Arbeit zu einer Angelegenheit beträchtlicher Komplexität. Aber beides beeinflusst das Prinzip des Austauschs nicht. Vielleicht kann der Wert der Arbeit nicht einfach bestimmt werden. Aber sie *hat* einen Wert, genauso einmalig und real wie das spezifische Gewicht einer Substanz – auch wenn ein solches spezifisches Gewicht nicht einfach gewogen werden kann, wenn die Substanz mit vielen anderen verbunden ist.

Die Schwierigkeit oder Chance, diesen Wert zu bestimmen, ist aber auch nicht größer als bei der Bestimmung der gewöhnlichen Maxima und Minima der allgemeinen Politischen Ökonomie. Es gibt wenige Übereinkünfte, bei denen der Käufer mit Sicherheit sagen kann, dass der Verkäufer nicht vielleicht weniger verlangt oder der Verkäufer mehr als den komfortablen Glauben erworben hat, dass der Käufer nicht mehr bezahlt hätte. Diese Unmöglichkeit genauer Kenntnis bewahrt weder davor, den gewünschten Punkt höchsten Verdrusses und höchster Ungerechtigkeit dem anderen gegenüber anzustreben, noch ihn um des wissenschaftlichen Prinzips willen zu akzeptieren, nach dem er am billigsten einzukaufen und am teuersten zu verkaufen hat – obwohl er eigentlich nicht sagen kann, was wirklich das Preiswerteste bzw. das Teuerste ist. In diesem Sinne stellt eine gerechte Person den wissenschaftlichen Grundsatz auf, dass man einen angemessenen Preis bezahlen soll und – ohne genau im Stande zu sein, die Höhe eines solchen Preises festzulegen – strebt nichtsdestotrotz eine bestmögliche Annäherung an. In der Praxis *kann* ihr eine brauchbare Annäherung gelingen. Es ist leichter, wissenschaftlich zu bestimmen, wie man für seine Arbeit entlohnt werden sollte, als wie viel jemand aufgrund seiner Notwendigkeiten dafür verlangen muss. Seine Notwendigkeiten können nur über empirische, aber sein Lohn nur durch analytische Untersuchungen ermittelt werden. Im einen Fall versucht man, die Frage nach der Summe wie ein verwirrter Schüler zu beantworten – bis man eine Antwort findet, die passt. Im anderen kommt man durch Berechnung innerhalb bestimmter Grenzen zu einem Ergebnis.

Nein, vielleicht wird es sich aber eines Tages zeigen, dass der "bloße" Gedanke selbst ein empfehlenswertes Element der Produktion war, und dass jede *materielle* Produktion nur ein Schritt hin in Richtung dieser kostbareren *immateriellen* war?

50. Angenommen, die angemessene Bezahlung jeder gegebenen Arbeit wäre ermittelt worden, dann lasst uns zunächst die Folgen gerechter und ungerechter Bezahlung untersuchen, sofern sie zu Gunsten des Auftrag- oder Arbeitgebers ausfallen – d. h., wenn zwei bereit sind, eine Arbeit im Auftrag nur eines Auftraggebers zu leisten.

Der ungerechte Auftraggeber zwingt die beiden, sich gegenseitig solange zu unterbieten, bis er ihre Forderungen auf das Minimum reduziert hat. Lasst uns annehmen, dass sich der niedrigste Anbieter bereit erklärt, die Arbeit zur Hälfte ihres angemessenen Preises zu erledigen.

Der Auftraggeber beschäftigt ihn und nicht den anderen. Das erste oder *offenbare* Ergebnis ist folglich, dass einer der beiden Männer ohne Anstellung oder dem Verhungern überlassen bleibt. Dies geschieht genauso wie durch das gerechte Verfahren, dem besten Arbeiter einen angemessenen Lohn zu zahlen. Die verschiedenen Autoren, die bestrebt waren, die Aussagen meines ersten Aufsatzes in Frage zu stellen,[61] erkannten dies niemals und nahmen an, dass der ungerechte Auftraggeber *beide* beschäftigte. Doch er beschäftigt beide nicht mehr als der gerechte. Der einzige Unterschied besteht (am Anfang) lediglich darin, dass der gerechte Auftraggeber die Arbeit eines einzelnen Arbeiters ausreichend entlohnt, der ungerechte aber zu wenig zahlt.

Ich sage "am Anfang", denn dieser erste oder offenbare Unterschied ist nicht der eigentliche Unterschied. Durch das ungerechte Verfahren verbleibt die Hälfte des korrekten Arbeitslohns in den Händen des Auftraggebers. Das ermöglicht es ihm, einen weiteren Mann zum selben unangemessenen Satz für eine andere Arbeit anzustellen, und das Endresultat ist, dass er zwei Arbeiter hat, die für ihn zum halben Preis arbeiten, und zwei ohne Anstellung sind.

51. Durch das gerechte Verfahren gelangt der gesamte Arbeitslohn für die erste Arbeitsphase in die Hände desjenigen, der sie erledigt. Beim Auftraggeber verleibt kein Überschuss, und *er* kann keinen anderen für eine andere Arbeit einstellen. Doch genauso wie dadurch seine Macht verringert wird, wird die Macht des an-

---

[61] Diese Mutmaßung z. B. erschien in einem langen Leitartikel des *Scotsman* vom 09.08.1860.[xxxviii]

gestellten Arbeiters durch die zusätzliche Lohnhälfte, die er empfangen hat, vergrößert. Diese zusätzliche Hälfte gibt *ihm* wiederum die Macht, einen weiteren Mann in *seinem* Dienst zu beschäftigen. Doch obwohl er selbst gerecht behandelt wurde, werde ich für den Augenblick den ungünstigsten, aber ziemlich wahr-
scheinlichen Fall annehmen, dass er seinen Untergebenen trotzdem ungerecht behandelt und ihn zum halben Lohn anheuert,
wenn er kann. Das Resultat wird sein, dass einer für den Auftraggeber zu einem angemessenen Lohn arbeitet, einer für den Arbeiter zum halben Lohn, und zwei sind wie im ersten Fall ohne
Beschäftigung. Wie ich vorher bereits sagte, bleiben *in beiden
Fällen* zwei ohne Beschäftigung. Der Unterschied zwischen dem
gerechten und ungerechten Verfahren liegt also nicht in der Zahl
der Beschäftigten, sondern in dem ihnen ausbezahlten Lohn und
in den *Personen, von denen* er bezahlt wird. Der wesentliche Unterschied, von dem ich möchte, dass ihn der Leser deutlich erkennt, ist, dass im ungerechten Fall zwei Arbeiter für einen, den
ersten Auftraggeber arbeiten. Im gerechten Fall arbeitet einer für
den ersten Auftraggeber und einer für den bereits angestellten
Arbeiter usw., die verschiedenen Dienstgrade hinauf oder hinunter. So werden die Einflussmöglichkeiten durch Gerechtigkeit weitergegeben und stagnieren durch Ungerechtigkeit. Der universelle
und unveränderliche Einfluss der Gerechtigkeit in dieser Sache
liegt folglich darin, die Macht des Reichtums in den Händen eines
einzelnen über die Masse an Menschen zu verringern und sie auf
mehrere zu verteilen. Die eigentlich durch Reichtum ausgeübte
Macht ist in beiden Fällen dieselbe. Aber durch Ungerechtigkeit
wird sie ganz in die Hände eines Mannes gelegt, so dass er
gleichzeitig und mit unverminderter Autorität Herr über die Arbeitskraft von vielen ist. Im gerechten Verfahren wird ihm nur erlaubt, den ihn unmittelbar Unterstellten anzuweisen, durch den
wiederum, mit verringerter Kraft und modifiziert durch neues Ge-
dankengut, die Energie des Reichtums solange an andere weitergegeben wird, bis sie sich erschöpft hat.

52. Die unmittelbare Wirkung von Gerechtigkeit liegt in dieser Beziehung somit darin, die Macht des Reichtums zuerst durch den
Erwerb von Luxus und zweitens durch die Ausübung moralischen
Einflusses zu verringern. Der Auftraggeber kann zur Umsetzung
seiner Interessen weder unüberschaubar viele Arbeitsleistungen
zusammenziehen, noch kann er unzählige Seelen seinem Willen
unterwerfen. Aber die sekundäre Wirkung von Gerechtigkeit ist

nicht weniger bedeutend. Die unzureichende Bezahlung von Arbeitern stellt jeden vor die große Schwierigkeit, sich nach einer besseren Position umzusehen. Das System neigt also dazu, nach Beförderung Ausschau zu halten. Aber ausreichende oder gerechte Entlohnung, die über eine absteigende Reihe von Ämtern oder Arbeitskategorien verteilt wird*, gibt jeder untergeordneten Person faire und ausreichende Möglichkeiten zu sozialem Aufstieg, wenn sie beschließt, sie zu nutzen. Und so verringert sich nicht nur die unmittelbare Macht des Reichtums, sondern beseitigt auch die schlimmsten Ohnmächtigkeiten der Armut.

---

* Es tut mir leid, dass ich Zeit mit der noch so knappen Beantwortung von Zusendungen verlieren muss, die versuchen, die Beispiele regulärer Arbeit im ersten Aufsatz zu verdrehen, indem sie Formen, Positionen und Mengen von Arbeit mit ihrer Qualität verwechseln. Ich habe nie gesagt, dass ein Oberst genauso bezahlt werden soll wie ein einfacher Soldat oder ein Bischof wie ein Vikar. Auch habe ich nicht gesagt, dass mehr Arbeit genauso entlohnt werden sollte wie weniger Arbeit (so dass der Vikar einer Gemeinde mit 2.000 Seelen nicht mehr bekommen sollte als der einer mit 500). Sondern ich sagte – sofern man sie überhaupt in Anspruch nimmt –, dass schlechte Arbeit nicht geringer bezahlt werden sollte als gute – so wie ein schlechter Kleriker seinen Zehnten nimmt, ein schlechter Arzt seine Gebühren und ein schlechter Anwalt sein Honorar. Und dies – wie in der Schlussfolgerung gezeigt werden wird – sagte und sage ich z. T., weil für Geld niemals die beste Arbeit geleistet wurde oder überhaupt jemals geleistet werden wird, doch hauptsächlich deshalb, weil von dem Moment an, von dem sie wissen, dass sie gute und schlechte Arbeit gleich bezahlen müssen, alle versuchen werden, die eine von der anderen zu unterscheiden und nicht die schlechte einzukaufen. Ein scharfsinniger Leser fragt mich im *Scotsman*,[63] ob ich jeden gewöhnlichen Schreiberling bei Messrs. Smith, Elder & Co. genauso bezahlen würde, wie ihre guten Autoren. Ich sollte – falls sie ihn einstellen. Ich würde ihnen aber ernsthaft um des Schreiberlings und ihrer selbst willen empfehlen, ihn *nicht* einzustellen. Die Menge an Geld, die das Land gegenwärtig in Schmierereien investiert, wird, was das Ergebnis betrifft, nicht wirtschaftlich ausgegeben. Und sogar die höchst geniale Person, der diese Frage einfiel, könnte vielleicht nutzbringender beschäftigt werden, als sie zu drucken.
[63 Im Leitartikel vom 09.08.1860: "Würde es Mr. Ruskin als fair empfinden, wenn Messrs. Smith & Elder ihm, einem angesehenen und klugen Mann, nicht mehr bezahlen würden als dem ungehobeltsten Schreiberling, der je ein Zeitungsblatt beschmutzt hat?"xxxix]

53. Bei diesem vitalen Problem geht es letztlich darum, dass der Arbeiter schließlich dazu bestimmt ist, abhängig zu sein. Manchmal scheint es, dass untergeordnete Belange dieser Bestimmung entgegenstehen, doch sie leiten sich alle davon ab. Beispielsweise verursacht es beträchtliche Aufregung in den unteren Schichten, wenn ihnen der Anteil an Steuern bewusst wird, den sie nominell und allem Anschein nach auch tatsächlich von ihren Löhnen bezahlen (ich glaube 35 oder 40 Prozent[64]). Das klingt sehr schmerzlich, aber eigentlich bezahlt sie nicht der Arbeiter, sondern sein Auftraggeber. Wenn der Arbeiter sie nicht zahlen müsste, würde sich sein Lohn um eben diese Summe verringern. Die Konkurrenzsituation würde sie dann noch weiter auf das Minimum reduzieren, wo Leben noch möglich wäre. Ähnlich fordert der niedriger Gestellte erregt die Aufhebung der Getreidegesetze*

[[64] Man sollte beachten, dass sich diese Angabe nicht auf den direkten Steueranteil vom Lohn bezieht, sondern auf den Anteil an Gesamtsteuern am Einkommen. Man hat berechnet, dass das durchschnittliche Arbeitereinkommen der damaligen Zeit mit 6,9, ein Einkommen von 200 Pfund mit 4,6 und eins von 500 Pfund mit 7,0 % besteuert wurde (s. Angaben von Herbert Samuel in *Liberalism*, 1902, S. 190[xli]). Das Verhältnis von indirekten Steuern (die meistens von den arbeitenden Klassen bezahlt wurden) zu direkten lag bei wenigstens 40 %.[xl]]

* Ich muss eine interessante Kommunikation über das Thema Freihandel mit Paisley bestätigen (für den kurzen Brief eines "Gratulanten" – für den mein Dank längst überfällig ist). Doch ich fürchte, dass der schottische Schreiber unangenehm überrascht sein wird, zu hören, dass ich ein ausgesprochen furchtloser und skrupelloser Freihändler bin und immer war. Als ich vor sieben Jahren über die verschiedenen Anzeichen von Infantilität in der europäischen Seele sprach (*Stones of Venice*, Bd. iii, S. 168), schrieb ich: "Die höchsten Grundsätze des Handels wurden vom Englischen Parlament gerade vor ein paar Monaten in ihrer Freiheitlichkeit anerkannt und werden von Millionen immer noch so wenig verstanden, dass *kein Land es wagt, seine Zollhäuser abzuschaffen.*"
Man wird feststellen, dass ich mich sogar der Idee der Wechselseitigkeit nicht anschließe. Wenn sie wollen, lasst andere Länder ihre Häfen geschlossen halten. Jede kluge Nation wird sie öffnen. Dabei geht es weniger um das Öffnen an sich, sondern um die unmittelbare, unbedachte und ungeschickterweise experimentelle Art sie zu öffnen, die es schädlich macht. Hat man eine Fabrik jahrelang hindurch beschützt, darf man diesen Schutz nicht von einem Moment auf den anderen wegnehmen, so wenig wie man auf einmal alle Arbeiter hinauswirft oder einem schwachen Kind bei kaltem Wetter auf einmal alle seine Ummantelungen wegnehmen darf, selbst wenn seine Gesundheit möglicherweise durch das

und denkt, man ist besser daran, wenn das Brot billiger wäre. Doch er bemerkt nicht, dass die Löhne im gleichen Verhältnis fallen, sobald das Brot preiswerter wäre. Die Getreidegesetze wurden trotzdem richtigerweise aufgehoben – nicht jedoch, weil sie die Armen direkt benachteiligten, sondern weil sie indirekt dazu führten, dass die Armen einen Großteil ihrer Arbeit unproduktiv konsumieren. So bedrückt sie auch unnötige Besteuerung durch die Vernichtung von Kapital. Aber das Schicksal der Armen hängt in erster Linie immer von der einen Frage nach der Angemessenheit der Löhne ab. Ihre Not (abgesehen von der durch Faulheit, kleineren Fehlern oder Verbrechen verursachten) entsteht auf der imposanten Skala der beiden resultierenden Kräfte aus Konkurrenz und Unterdrückung. Es gibt im Moment keine, noch wird es auf Jahre hinaus eine echte Überbevölkerung in der Welt geben, wohl aber eine lokale oder genauer gesagt, eine unter existierenden Verhältnissen lokal schwer zu handhabende Bevölkerungsdichte. Denn Mangel an Voraussicht und ausreichender Technologie äußert sich zwangsläufig über den Konkurrenzdruck. Die Ausnutzung dieser Konkurrenz durch die unangemessen niedrige Entlohnung von Seiten eines Auftraggebers, bringt die Arbeiter und ihn selbst zur gleichen Zeit in Not. Denn dadurch (und wie ich glaube bei jeder Art von Sklaverei) leidet der Unterdrücker

---

Eingezwängtsein stark gelitten hat, muss man es nach und nach wieder an Freiheit und Luft gewöhnen.

Die meisten Menschen sind über das Thema freier Handel merkwürdigerweise verwirrt, da sie annehmen, dass dadurch die Konkurrenz verstärkt wird. Doch im Gegenteil, Freihandel macht jeder Konkurrenz ein Ende. "Protektion" und verschiedene andere spitzbübige Funktionen bemühen sich, ein Land in die Lage zu versetzen, mit einem anderen, in der Produktion benachteiligten, zu konkurrieren. Wenn der Handel absolut frei ist, kann kein anderes Land mit der Herstellung von Waren im eigenen Land konkurrieren, für das es natürlicherweise bestimmt ist und ebenso wenig kann kein Land mit einem anderen in der Herstellung von Waren konkurrieren, für das es natürlicherweise nicht vorgesehen ist. Die Toskana z. B. kann mit England nicht in der Stahlproduktion konkurrieren, so wie England mit der Toskana nicht um Öl. Sie müssen ihren Stahl und ihr Öl tauschen, und dieser Tausch sollte so offen und frei sein wie Redlichkeit und Meereswinde ihn machen können. Konkurrenz entsteht tatsächlich zuerst und genau dann, wenn man beweisen möchte, wer der Stärkere bei der Herstellung von Waren ist, die von beiden hergestellt werden können. Hat man das einmal festgestellt, hat die Konkurrenz ein Ende.

schließlich mehr als die Unterdrückten, und jene großartigen Zeilen von Pope bleiben, sogar in ihrer ganzen Kraft, hinter der Wahrheit zurück:

"Yet, to be just to these poor men of pelf

Each does but HATE HIS NEIGHBOUR AS HIMSELF:

Damned to the mines, an equal fate betides

The slave that digs it, and the slave that hides.[65, xlii]

54. Die begleitenden und wechselseitigen Wirkungen der Gerechtigkeit in diesem Zusammenhang möchte ich nachher untersuchen, denn es ist zunächst notwendig, die Natur des Wertes zu definieren. Dann möchte ich weiter überlegen, mit welchen praktischen Begriffen ein gerechteres System errichtet werden kann. Und schließlich bleibt natürlich noch die schwierige Frage nach dem Schicksal der unbeschäftigten Arbeiter zu beantworten.*

---

[65] engl. = „Doch um den Mammonsdienern auch gerecht zu werden, / Es hasst doch jeder seinen Nachbarn wie sich selbst: / Verfallen wie ein Sklave an die Minen teilt er auf Erden, / Dasselbe Schicksal – ob er nun selber gräbt oder's dann verborgen hält."]

* Es würde mich freuen, wenn der Leser für sich selbst zuerst den Boden soweit bereitet, indem er feststellt, ob die Schwierigkeit darin liegt, Arbeit zu bekommen oder für sie bezahlt zu werden? Sieht er den Beruf selbst als einen teuren Luxus an, der schwer zu erlangen ist, und von dem es zu wenig auf dieser Welt gibt? Oder ist es eher so, dass die Menschen sogar beim Genuss höchster sportlicher Begeisterung nichtsdestotrotz versorgt werden müssen und dieser Unterhalt nicht immer zur Verfügung steht? Bevor wir weiter gehen, müssen wir uns darüber klar werden, denn die meisten Menschen sprechen sehr freimütig über die Schwierigkeit, "Arbeit zu finden". Ist es Beschäftigung, die wir finden wollen oder den Unterhalt für eine Beschäftigung? Ist es Untätigkeit, der wir ein Ende setzen wollen oder dem Hunger? Beide Fragen müssen wir nacheinander betrachten, nicht zur selben Zeit. Es besteht kein Zweifel, dass Arbeit ein Luxus ist und ein sehr großer sogar. Sie ist tatsächlich ein Luxus und eine Notwendigkeit zugleich. Niemand kann die Gesundheit von Geist oder Körper ohne sie aufrecht erhalten. Wie man sehen wird, bin ich mir dessen so sicher, dass es eins meiner Hauptanliegen ist, wohlhabenden und praktisch veranlagten Menschen zu empfehlen, reiche Leute dazu

Damit jedoch der Leser nicht durch einige Aussagen beunruhigt wird, zu denen unsere Untersuchungen zu tendieren scheinen – als ob sie in ihrer Duldung der Macht des Reichtums etwas gemeinsam haben mit denen des Sozialismus – möchte ich ihm mit klaren Worten ein oder zwei der wichtigen Punkte deutlich machen, die ich im Blick habe. Festzustellen und zu erklären, ob der Sozialismus größere Fortschritte in der Armee und der Marine gemacht hat, wo die Bezahlung nach meinen Grundsätzen stattfindet oder unter den Fabrikarbeitern, die nach den Grundsätzen meiner Gegner bezahlt werden, überlasse ich eben jenen Gegnern. Wie auch immer ihre Schlussfolgerung ausfällt – für mich selbst scheint es nur notwendig, eins festzustellen: Wenn es einen Punkt gibt, auf den ich in allen meinen Arbeiten mehr bestanden habe als auf andere, dann ist es die Unmöglichkeit von Gleichheit. Mein permanentes Ziel ist es gewesen, die ewige Überlegenheit einiger Menschen gegenüber anderen zu zeigen, manchmal sogar die eines Menschen über alle anderen. Auch wollte ich zeigen, dass es sinnvoll ist, solche Personen oder eine Person zu benennen, die ihre Untergebenen führt, anleitet oder aufgrund ihrer größeren Einsicht und Klugheit bei Gelegenheit sogar zwingt und kontrolliert. Alle meine Grundsätze der Volkswirtschaft sind in einem Ausdruck enthalten, der vor drei Jahren in Manchester ausgesprochen wurde: "Soldaten des Pflugschars und Soldaten des Schwertes." Und sie wurden in einem einzigen Satz im letzten Band von *Modern Painters* zusammengefasst "Regierung und Zusammenarbeit in allen Dingen sind die Gesetze des Lebens, anarchistische Konkurrenz die des Todes."

Was die Art und Weise angeht, in der diese allgemeinen Grundsätze den sicheren Besitz von Eigentum beeinflussen, so bin ich weit davon entfernt, solche Sicherheit in Frage zu stellen. Man wird feststellen, dass der gesamte Kern dieser Aufsätze schließlich auf eine Ausdehnung dieser Gültigkeit zielt. Denn so wie es lange bekannt ist und erklärt wurde, dass die Armen kein Recht

---

zu bringen, nach mehr Luxus dieser Art zu suchen, als sie gegenwärtig besitzen. Trotzdem scheint die Erfahrung zu lehren, dass sogar das gesündeste Vergnügen exzessiv betrieben werden kann, und die Menschen genauso verantwortlich für einen Überdruss an Arbeit wie an Fleisch sind. So kann es für einige gut sein, weniger Essen und mehr Arbeit bereitzustellen, für andere wäre es aber genauso angebracht, weniger Arbeit bereitzustellen und mehr zu essen.

auf den Besitz der Reichen haben, wünsche ich auch, dass es bekannt und erklärt wird, dass die Reichen kein Recht auf das Eigentum der Armen haben.

55. Aber dass die Anwendung des Verfahrens, dessen Entwicklung ich übernommen habe, auf vielen Wegen die offenbare und unmittelbare, obwohl nicht ungesehene und begleitende Macht sowohl des Reichtums, als *Lady of Delight*[66], als auch des Kapitals, als *Lord of Toil*[67], verringern würde, bestreite ich nicht, sondern bestätige es im Gegenteil mit aller Freude und weiß, dass die Anziehungskraft von Reichtümern bereits zu stark und ihre Autorität schon zu gewichtig für die Vernunft der Menschheit geworden ist. Im letzten Aufsatz stellte ich fest, dass kein historisches Ereignis jemals die menschliche Intelligenz so beschämt hat, wie unsere Zustimmung zu den allgemeinen Doktrinen der Nationalökonomie als Wissenschaft.[68] Viele Gründe gibt es dafür, aber ein wichtiger kann mit wenigen Worten benannt werden: Ich kenne kein Beispiel in der Geschichte eine Landes für einen systematischen Aufruf zum Ungehorsam gegenüber den Hauptprinzipien seiner erklärten Religion. Die Schriften, die wir (verbal) als göttlich schätzen, verurteilen nicht nur die Liebe zum Geld als die Quelle allen Übels[69] und als vom Göttlichen verabscheuten Götzendienst, sondern auch den Dienst am Mammon als das genaue und unvereinbare Gegenteil zum Gottesdienst.[70] Und wenn auch immer sie von absoluten Reichtümern und absoluter Armut sprechen, verheißen sie dem Reichen Weh und dem Armen Segen. Woraufhin wir unverzüglich eine Wissenschaft vom Reichwerden erforschen als den kürzesten Weg zum nationalen Wohlstand:

---

[66] engl. = Herrin des Vergnügens]
[67] engl. = Herr der Mühe]
[68] Eigtl. schon in „Die Wurzeln der Ehre" (S. 31), aber auch §38, S. 62.]
[69] 1. Timotheus 6, 10]
[70] s. Matthäus 6, 24]

"Tai Cristian dannerà l'Etiòpe,

Quando si partiranno i due collegi,

L'UNO IN ETERNO RICCO, E L'ALTRO INÒPE." [71]

[[71] Vers aus der *Göttlichen Komödie*, (altital.) = „Und solche Christen wird der Mohr verdammen / Wenn sie sich zu zwei Lagern werden schlagen / Eins ewig reich, ein andres arm in Flammen."[xliii] Nach Cook and Wedderburn[xliv] verweist Dantes erste Zeile auf Matthäus 12, 41: „Die Leute von Ninive werden auftreten beim Jüngsten Gericht mit diesem Geschlecht und werden es verdammen; denn sie taten Buße nach der Predigt des Jona. Und siehe, hier ist mehr als Jona."]

Essay IV – Ad Valorem[72]

56. Im letzten Aufsatz sahen wir, dass die gerechte Entlohnung von Arbeit aus einem Betrag bestand, für den man annähernd gleichwertige zukünftige Arbeitsleistung erhalten würde. Jetzt müssen wir die Mittel untersuchen, mit denen man solche Gleichwertigkeit erreichen kann. Diese Frage umfasst die Definition von Wert, Reichtum [bzw. Wohlstand], Preis und Produktion.

Keiner dieser Begriffe wird bis jetzt so definiert, dass er von der Öffentlichkeit verstanden wird. Doch der letzte, Produktion, von dem man meinte, es sei der teuerste von allen, ist in der Praxis der mehrdeutigste. Und die Überprüfung dieser Mehrdeutigkeit, die mit seiner gegenwärtigen Verwendung einhergeht, wird uns den Weg zu unserer Arbeit am besten ebnen.

In seinem Kapitel über das Kapital* führt Mr. J. S. Mill[73] das Beispiel eines Kapitalisten, eines Eisenwarenherstellers an, der ursprünglich vorhatte, einen bestimmten Teil des Erlöses seines Geschäfts für den Kauf von Tafelsilber und Juwelen auszugeben, dann aber seine Meinung ändert und „damit den Lohn für eine größere Anzahl Arbeiter bestreitet".[xlvii] Mr. Mill stellt fest, dass die Wirkung darin besteht, dass "mehr Nahrungsmittel für die Konsumtion productiver Arbeiter gewonnen werden".[xlviii]

57. Jetzt frage ich nicht – aber hätte ich diesen Absatz geschrieben, wäre ich bestimmt gefragt worden –: „Was soll denn aus den Silberschmieden werden?" Wenn sie wirklich unproduktive Personen sind, müssen wir wohl ihr Aussterben hinnehmen. Und obwohl in einem anderen Teil desselben Absatzes der Eisenwarenhändler auf mehrere Diener verzichten soll, deren "Unterhalt für productive Zwecke frei wird"[xlix], frage ich nicht, welche schmerzhafte oder sonstige Wirkung diese Emanzipation ihrer

---

[72] lat. = dem Wert nach, nach Wert, auf den Wert hin.]
* Buch I. Kap. iv. §1. Um Platz zu sparen, werden meine zukünftigen Hinweise auf Mr. Mills Werk nur aus Zahlen wie in diesem Beispiel bestehen, I. iv. 1. Ed. in 2 Bd. 8vo, Paker, 1848.[xlv]
[73] John Stuart Mill (1806 – 1873) ... Seine wirtschaftlichen Werke zählen zu den Grundlagen der klassischen Nationalökonomie, und Mill selbst gilt als Vollender des klassischen Systems und zugleich als sozialer Reformer.[xlvi]]

Verpflegung auf die Diener haben wird. Doch mit aller Ernsthaftigkeit "frage ich, warum Eisenwaren ein Erzeugnis sind und Silberwaren nicht?"[74] Dass der Händler das eine konsumiert und das andere verkauft, macht bestimmt solange keinen Unterschied, bis gezeigt werden kann (was tatsächlich, so wie ich es wahrnehme, mehr und mehr das Ziel von Händlern ist), dass Waren hergestellt werden, um verkauft und nicht um verbraucht zu werden. Der Händler ist in einem Fall ein Beförderungsmittel zum Verbraucher und im anderen selbst der Verbraucher.* Aber die Arbeiter sind in jedem Fall gleich produktiv, da sie Waren zum selben Wert erzeugt haben, sofern Eisen- und Silberwaren beides Güter sind.

Worin unterscheiden sie sich? Es ist tatsächlich möglich, dass in der "vergleichenden Schätzung [...] eines Sittenlehres" – von der Mr. Mill sagt, dass Volkswirtschaft nichts damit zu tun habe (III. i. 2)[li] – eine Stahlgabel als substantielleres Erzeugnis erscheinen könnte als eine silberne. Wir können auch garantieren, dass Messer nicht weniger als Gabeln gute Produkte sind und Sensen und Pflugschare nützliche Sachen. Aber wie steht es mit Bajonetten? Angenommen, der Eisenwarenhändler verkauft *davon* große Mengen, mit Hilfe „der Freisetzung" der Verpflegung seiner Diener und des Silberschmieds. Beschäftigt er immer noch produktive Arbeiter oder – mit Mr. Mills Worten – Arbeiter, die den "ange-

---

[[74] In seiner Kopie von Mill notierte Ruskin über den o. g. „Kauf von Tafelsilber und Juwelen" die Randbemerkung: „Es ist eine sehr seltsame Tatsache, dass einem so erleuchteten Ökonomen wie Mr. Mill zufolge, keinerlei Kunst bei der Herstellung von Silberwaren erforderlich ist."]

* Wenn Mr. Mill den Unterschied von Konsum und Verkauf hätte zeigen wollen, hätte er den Eisenwarenhändler als Konsument seiner eigenen Waren zeigen sollen und nicht als ihren Verkäufer, genauso wie den Silberhändler als Konsument und nicht als Verkäufer. In diesem Fall hätte er seine Position viel deutlicher, obwohl weniger haltbar gemacht. Vielleicht war das aber auch die Position, die er eigentlich einnehmen wollte, um stillschweigend so seine Theorie einzubringen, die an anderer Stelle aufgestellt wurde. In diesem Aufsatz wird es allerdings als unrichtig befunden, dass die Nachfrage nach Gütern nicht dasselbe wie die Nachfrage nach Arbeit ist. Aber selbst durch die sorgfältigste Prüfung des gerade untersuchten Absatzes kann ich nicht feststellen, ob es sich hier um einen einfachen Irrtum handelt oder einen halben, der in seiner Ganzheit von einem größeren getragen wird. Deshalb behandle ich ihn hier unter der großzügigeren Annahme, dass es nur ein Irrtum ist.

sammelten Vorrath[...] bleibender Genußmittel" (I. iii. 4)[lii] vermehren? Oder, wenn er statt Bajonetten Bomben liefert, wird nicht sogar der absolute und endgültige "Genuss" dieser energetisch produktiven Erzeugnisse (von denen jedes zehn Pfund kostet*) von der richtigen Wahl von Zeit und Ort ihrer *Enfantement*[75] abhängen – von der Wahl, d. h. abhängig von jenen philosophischen Überlegungen zu sein, mit denen die Volkswirtschaft nichts zu tun hat?[†]

58. Ich sollte die Notwendigkeit bedauert haben, auf die Widersprüchlichkeit in jedem Abschnitt der Arbeit von Mr. Mill hinzuweisen, wenn der Wert seines Werks nicht in seinen Widersprüchlichkeiten läge. Unter den Ökonomen verdient er die Ehre, versehentlich die Grundsätze zu widerlegen, die er aufstellt, und stillschweigend die moralischen Rücksichten einzuführen, von denen er erklärt, dass seine Wissenschaft keine Verbindung dazu hat. Viele seiner Kapitel sind folglich eine wahre Kostbarkeit, und die einzigen seiner Schlussfolgerungen, die ich diskutieren muss, sind diejenigen, die aus seinen Prämissen folgen.

So ist die Idee, die dem gerade untersuchten Abschnitt zugrunde liegt, dass nämlich Arbeit zur Erzeugung von Luxus nicht so viele Personen versorgt, wie Arbeit zur Erzeugung von nützlichen Dingen, völlig richtig. Aber das Beispiel versagt – und das gleichzeitig in alle vier Richtungen des Misserfolgs – weil Mr. Mill die wirkliche Bedeutung von Nützlichkeit nicht definiert hat. Seine Definition, die "Fähigkeit, ein Verlangen zu befriedigen oder einem Zwecke zu dienen" (III. i. 2)[liv], lässt sich ebenso auf Eisen wie auf Silber anwenden. Die wahre Definition dagegen – die er zwar nicht gegeben hat, die aber dennoch seiner falschen mündlichen Definition zugrunde liegt und ein- oder zweimal versehentlich wie in den Worten "zur Erhaltung des Lebens oder der Kräfte" (I. iii.

---

* Ich nehme Mr. Helps Schätzung in seinem Aufsatz über den Krieg.[liii]

[75 franz. = Niederkunft, Geburt]

† Wenn die mit Silber beschlagenen spanischen Vasen von unseren Zollbeamten in Stücke geschlagen wurden, weil Silberbarren zollfrei importiert werden dürfen, Intelligenz aber nicht – war die Axt, die sie zerschlug produktiv, der Künstler, der sie hämmerte unproduktiv? Wenn die Axt des Holzarbeiters produktiv ist, ist es die des Henkers auch? Oder wenn der Hanf in einem Seil produktiv ist, hängt dann die Produktivität von Hanf in einem Strick nicht mehr von seiner moralischen als von seiner materiellen Verwendung ab?

5)^{lv} durchscheint – lässt sich auf einige Sachen aus Eisen anwenden, aber auf andere nicht und auf einige Dinge aus Silber, aber auf andere nicht. Sie gilt für Pflüge, aber nicht für Bajonette und für Gabeln, aber nicht für Filigranarbeit.[*]

59. Das Herausfinden der wahren Definitionen wird uns die Antwort auf unsere erste Frage geben: "Was bedeutet Wert?" Dazu müssen wir jedoch zuerst die populären Erklärungen hören.

"Wenn der Ausdruck ‚Werth' in der Politischen Oekonomie ohne Zusatz gebraucht wird, so versteht man darunter den ‚Tauschwerth'", (Mill, III. i. 2).^{lvi} Wenn also zwei Schiffe ihre Steuerruder nicht tauschen können, haben sie, im politisch-ökonomischen Sinne, für beide keinen Wert.

Aber der „Gegenstand [der Politischen Ökonomie] ist: ‚Vermögen'", (Einleitung S. 1).^{lvii}

Und „‚Vermögen' kann demnach so definirt werden: alle nützlichen und angenehmen Dinge, welche einen Tauschwerth besitzen", (Einleitung, S. 10).^{lviii}

So scheint es dann, dass nach Mr. Mill Nützlichkeit und Annehmlichkeit dem Tauschwert zugrunde liegen und als Eigenschaft einer Sache festgestellt werden müssen, bevor wir sie als Vermögensobjekt schätzen können.

Nun hängt die wirtschaftliche Nützlichkeit einer Sache nicht nur von ihr selbst, sondern von der Zahl der Leute ab, die sie nutzen können und nutzen werden. Ein Pferd ist nutzlos und folglich unverkäuflich, wenn niemand reiten kann, ein Schwert, wenn keiner damit kämpfen und Fleisch, wenn es keiner essen kann. So hängt jeder materielle Nutzen von seiner relativen Brauchbarkeit für den Menschen ab.

Auf ähnliche Weise hängt die Annehmlichkeit einer Sache nicht bloß von ihrer Beliebtheit, sondern auch von der Zahl von Leuten ab, die dazu gebracht werden können, sie zu mögen. Die relative Annehmlichkeit und demzufolge Marktfähigkeit eines „*pot of the smallest ale*" und eines „*Adonis painted by a running brook*"[76]

---

[*] Filigranarbeit, d. h. allgemein eine Ornamentik, die auf Komplexität und nicht auf Kunst beruht.
[76] „Krug[s] vom dünnsten Bier" bzw. „Adonis, ruhend an dem kleinen Bach."^{lix}]

hängt praktisch von der Meinung des Demos'[77] in der Form von Christopher Sly[78] ab. Das heißt, die Annehmlichkeit einer Sache hängt von der relativen menschlichen Einstellung dazu ab.* Deshalb muss die Politische Ökonomie als Wissenschaft des Wohlstandes eine Wissenschaft sein, die menschliche Fähigkeiten und Neigungen berücksichtigt. Doch da moralische Rücksichtnahmen nichts mit Volkswirtschaft zu tun haben (III. i. 2)[li], haben sie folg-

---

[[77] gr. *δήμος* = Volk]
[[78] Eine Nebenfigur aus Shakespeares *Taming of the Shrew, Der Widerspenstigen Zähmung*. Bei Shakespeare ist *The Taming of the Shrew* ein Stück im Stück. Der Rahmen … zeigt den betrunkenen Christopher Sly in so etwas wie einer Bar. Ein reicher Lehnsherr trifft ein, findet ihn so vor und entschließt sich, einen Spaß mit ihm zu treiben. Seine Männer kleiden Sly in feines Tuch, ziehen sich selbst wie Diener an und einer verkleidet sich sogar als Slys Ehefrau. Beim Aufwachen will man Sly davon überzeugen, dass er ein Aristokrat ist. Danach führen die Männer des Lehnsherrn das auf, was wir als *Der Widerspenstigen Zähmung* kennen. In einigen Versionen des Stücks hört und sieht das Publikum nichts wieder von Christopher Sly und nimmt so an, dass er wohl wieder eingeschlafen ist. Andere Versionen enthalten ein abschließendes Element in dem Sly (der nun gelernt hat wie man "eine Widerspenstige zähmt") nach Hause zurückkehrt, um sich mit seiner Frau auseinanderzusetzen, deren Widerspenstigkeit ihn anfänglich dazu brachte, zu trinken.[ix]]
* Diese Feststellungen klingen in ihrer Kürze grob, doch man wird feststellen, dass sie von größter Wichtigkeit sind, wenn sie ausgeformt werden. Im obigen Beispiel haben die Ökonomen nie erkannt, dass die Einstellung zum Kauf ein voll und ganz *moralisches* Element der Nachfrage ist. D. h., wenn man jemandem eine halbe Krone gibt, dann hängt es von seiner Einstellung ab, ob er damit reich oder arm ist – ob er damit Krankheit, Ruin und Hass kaufen wird oder Gesundheit, Fortschritt und ein Zuhause für seine Familie. Und so hängt die Annehmlichkeit oder der Tauschwert jeder angebotenen Ware nicht nur von ihrer Herstellung, sondern auch von ihren Käufern und damit von der Bildung ihrer Käufer und all den moralischen Elementen ab, durch die ihre Neigung, dies oder jenes zu kaufen, geformt wird. Jede dieser Definitionen werde ich zu ihrer Zeit veranschaulichen und bis in die letzte Konsequenz ausformulieren. Hier können sie nur in aller Kürze angesprochen werden. Denn um das Thema dem Leser zusammenhängend vorzustellen, habe ich die einführenden Definitionen von vier Kapiteln zu einer zusammengeworfen, namentlich der über den Wert (*"Ad Valorem"*), der über den Preis ("Dreißig Stücke"), über Produktion ("Demeter") und der über Ökonomie ("Die Hausordnung").[79]
[[79] Ein weiterer Hinweis auf die beabsichtigte Fortführung des Buches.[xi]]

lich auch nichts mit menschlichen Fähigkeiten und Neigungen zu tun.

60. Im Ganzen gesehen mag ich die Schlussfolgerung aus Mr. Mills Behauptungen nicht besonders. Lasst uns Mr. Ricardos[80] versuchen.

"Nicht die Nützlichkeit ist das Maß des Tauschwertes, obwohl sie ein notwendiges Element desselben ist", (Kap. I. Absch. i).[lxiii] Notwendig bis zu welchem Grad, Mr. Ricardo? Es kann geringere und größere Grade von Nützlichkeit geben. Fleisch kann zum Beispiel so gut sein, dass es jeder essen kann oder so schlecht, dass es für keinen gesund wäre. Wie hoch ist der genaue Grad an Qualität, der „wesentlich" für den Tauschwert ist, aber nicht "das Maß"? Wie gut muss das Fleisch sein, um einen Tauschwert zu haben und wie schlecht, um keinen zu besitzen? (Ich wünschte, letzteres wäre eine Standardfrage auf den Londoner Märkten.)[81]

Ich glaube, es scheint bei der Anwendung von Mr. Ricardos Grundsätzen einen Haken zu geben. Aber lasst ihn sein eigenes Beispiel vorbringen. "Angenommen, daß [sic!] in den frühen Gesellschaftsformen Bogen und Pfeile des Jägers den gleichen Wert […] haben wie […] die Geräte des Fischers […] Unter diesen Umständen entspricht der Wert des Hirsches, das Produkt der Tagesarbeit des Jägers, *genau* dem Wert der Fische, dem Produkt der Tagesarbeit des Fischers. Das Wertverhältnis des Fisches und des Wildprets [sic!] wird *völlig* durch die in jedem der

---

[80] David Ricardo (1772 – 1823) ... wurde oft für die Systematisierung der Ökonomie anerkannt und zusammen mit Thomas Malthus, Adam Smith und John Stuart Mill als einer der einflussreichsten klassischen Ökonomen angesehen.[lxii]]

[81] In seinem ersten Entwurf benutzte Ruskin ein anderes Bild: "Man kann einen schlechten Stift haben, der es noch tut und einen guten, der besser schreibt, und ein stumpfes Taschenmesser, das ihn anspitzen kann und ein scharfes, das dies besser kann. Nun, was ist der genaue Grad an Nützlichkeit, die für den Tauschwert wesentlich ist, aber nicht sein Maß ist? Wie scharf muss das Messer sein, um irgendeinen Tauschwert zu haben? Und wie stumpf muss es sein, um keinen zu habe. Die Sache scheint einen Haken zu haben ..."[lxiv]]

beiden enthaltene Arbeitsmenge bestimmt [...] (kursiv von mir)", (Ricardo, Kap. iii., Über den Wert).[82, lxv]

Tatsächlich! Wenn folglich der Fischer eine Sprotte fängt und der Jäger einen Hirsch, wird die Sprotte genauso viel wert sein wie ein Reh, und wenn der Fischer keine Sprotte und der Jäger zwei Hirsche erlegt, ist dann keine Sprotte so viel wert wie zwei Hirsche?

Nein, aber – können die Anhänger von Mr. Ricardo sagen – er meint im Durchschnitt. Wenn das durchschnittliche Produkt des Tagwerks des Fischers und Jägers ein Fisch bzw. ein Hirsch ist, wird ein Fisch immer denselben Wert haben wie ein Reh.

Dürfte ich nach der Art des Fisches fragen? Wal oder Jungfisch?*

[82 Eigentlich müsste es hier heißen: Kap. I, Abschn. iii.]

* Vielleicht könnte man zur weiteren Unterstützung von Mr. Ricardo sagen, dass er meinte "wenn der Nutzen gleichbleibend oder gegeben ist, verändert sich der Preis entsprechend der Menge an Arbeit". Wenn er das gemeint hat, so hätte er es sagen sollen. Doch wenn er es gemeint hat, hätte er auch schwer die logische Konsequenz übersehen können, dass nämlich Nützlichkeit ein Maß des Preises ist (was er ausdrücklich verneint). Und um Markfähigkeit zu beweisen, hätte er eine gegebene Menge an Nützlichkeit ebenso wie eine gegebene Menge an Arbeitsleistung beweisen müssen. In seinem Beispiel müssten der Hirsch und der Fisch dieselbe Zahl von Menschen über einen gleichen Zeitraum hinweg und mit gleichem Gaumenkitzel ernähren. Tatsache aber ist, dass er selbst nicht wusste, was er meinte. Ohne in der Lage zu sein, sie näher zu untersuchen, war die allgemeine Idee, die er aus der kommerziellen Erfahrung abgeleitet hat, dass sich der Preis bei konstanter Nachfrage entsprechend der Menge an Arbeit verändert, die für die Produktion notwendig ist, oder – um die Gleichung aus dem vorherigen Aufsatz anzuwenden – wenn y konstant ist, verändert sich xy entsprechend des Wertes von x. Aber die Nachfrage ist nie, noch kann sie letztendlich je konstant sein, wenn x sich deutlich verändert. Denn wenn der Preis steigt, bleiben die Konsumenten aus. Und sobald ein Monopol entsteht – wobei jeder Mangel eine Form von Monopol ist und somit jedes Produkt gelegentlich einen monopolistischen Charakter erhält –, wird y zum einflussreichsten Faktor auf den Preis. So hängt der Preis eines Gemäldes weniger von seinem ideellen Wert ab, als vom Interesse der Öffentlichkeit an ihm und die Gage für einen Gesangsvortrag weniger von der Arbeit des Sängers, als von der Zahl der Personen, die ihn hören möchten. Der Preis von Gold hängt ebenfalls weniger von seiner Seltenheit ab, die ihn wie den von Cerium und Iridium beeinflusst, sondern vom Sonnenglanz

Es wäre Zeitverschwendung, diese Irreführungen weiter zu verfolgen. Wir werden nach einer richtigen Definition suchen.

61. Viel ist seit Jahrhunderten in England in unsere klassische Bildung investiert worden. Es wäre wünschenswert, wenn unsere gut ausgebildeten Händler sich wenigstens so weit an ihr Schullatein erinnerten, dass der Nominativ von *valorem* (ein ihnen bereits genug vertrautes Wort) *valor* lautet, ein Wort, das ihnen folglich ebenfalls vertraut sein sollte. *Valor, von valere,* gesund oder stark sein (ὑγιαίνω) – stark oder tapfer *im* Leben (als Mensch) bzw. stark oder wertvoll *für* das Leben (als Sache). Folglich bedeutet "wertvoll" zu sein, "dem Leben zu nützen". Ein wirklich wertvolles oder nützliches Ding ist eins, dass mit seiner ganzen Energie dem Leben förderlich ist. Im Verhältnis wie es das nicht tut oder seine Kraft vermindert ist, ist es weniger wertvoll. In dem Maß wie es das Leben behindert, ist es nicht bewertbar oder destruktiv.

Der Wert eines Dings ist deshalb unabhängig von Meinung und Menge. Denk' darüber, was du willst, mach' soviel Gewinn damit, wie du willst – der Wert einer Sache an sich ist weder größer noch geringer, doch sie ist immer nützlich oder unnütz. Keine Wertschätzung kann die Macht vergrößern und keine Missachtung sie vermindern, die sie vom Schöpfer der Dinge und Menschen bekommen hat.

---

seiner Farbe und seiner unvergänglichen Reinheit, durch die es die Bewunderung der Menschheit auf sich zieht und ihr Vertrauen rechtfertigt.
Man muss jedoch bedenken, dass ich das Wort "Nachfrage" in einem etwas anderen Sinne verwende, als es der Ökonom normalerweise tut. Sie verstehen darunter "die Menge einer verkauften Sache". Ich verstehe darunter "die Macht der kompetenten Absicht des Käufers, zu kaufen". Auf gut Deutsch: Die "Nachfrage" einer Person bezeichnet nicht das, was jemand bekommt, sondern das, wonach er fragt.
Die Ökonomen bemerken auch nicht, dass Objekte nicht nach ihrer absoluten Größe oder ihrem absoluten Gewicht bewertet werden, sondern anhand der Größe und des Gewichts, die notwendig sind, um sie gebrauchsfertig zu machen. Sie sagen z. B., dass Wasser auf dem Markt keinen Preis hat. Dies gilt zwar für eine Tasse voll, nicht aber für einen See. Es gilt für eine Handvoll Staub, aber nicht für einen Morgen [ca. 0,4 ha]. Und wäre es möglich, dauerhaft eine Tasse- oder Handvoll zu besitzen (d. h., einen Platz für sie zu finden), würden Erde und Meer Hände- und Tassenvoll aufgekauft.

Die wahre Wissenschaft der Volkswirtschaft, die bis jetzt noch von der Bastardwissenschaft unterschieden werden muss wie Medizin von Hexerei und Astronomie von Astrologie, ist die, die Nationen lehrt, sich Dinge zu wünschen und dafür zu arbeiten, die dem Leben nützen und die zu verachten und zu zerstören, die destruktiv sind. Wenn sie in einem kindlichen Zustand gleichgülti-ge Dinge wie die Auswüchse von Muscheln und Stücke von blau-en und roten Steinen[83] als wertvoll ansahen und viel Zeit, die zur Verlängerung und zum Adeln des Lebens aufgewendet hätte werden sollen, mit dem Tauchen oder Graben danach und dem Schleifen und Formen verbracht haben, oder wenn sie im selben infantilen Zustand wertvolle und segenbringende Dinge wie Luft, Licht und Reinlichkeit als wertlos ansahen und schließlich ihre ei-gene Existenz, durch die allein sie wahrhaft etwas besitzen oder gebrauchen können – Dinge wie Frieden, Vertrauen und Liebe –, sofern der Markt es möglich macht, wohlweißlich gegen Gold, Ei-sen oder die Auswüchse von Schalentieren eintauschbar halten, dann lehrt die große und einzige Wissenschaft der Volkswirt-schaft in allen diesen Fällen, was Hochmut und was wesentlich ist und außerdem, wie sich der Dienst am Tode, dem *Lord of Was-te*[84] und der ewigen Leere, vom Dienst an der Weisheit, der *Lady of Saving*[85] und ewigen Fülle, unterscheidet – die Herrin, die ge-sagt hat: "[...] um denen, die mich lieben, GABEN zu verleihen und ihre Scheunen zu FÜLLEN."[86]

Lady of Saving – in einem tieferen Sinn als dem der Sparkassen – obwohl es ein guter ist. Die Madonna della Salute[87] – Herrin der Gesundheit – ist tatsächlich ein Teil davon, obwohl sie gewöhn-lich nicht mit Wohlstand in Verbindung gebracht wird. Das Wort "Wohlstand", man wird sich erinnern, ist das nächste, was wir de-finieren müssen.

62. „Vermögend sein heißt:", so sagt Mr. Mill, „einen großen Vor-rath nützlicher Dinge [zu] besitzen [...]"[lxvii]

[83 Damit sind wohl Perlen, Saphire und Rubine gemeint.]
[84 engl. = Herr der Verschwendung]
[85 engl. = Herrin der Sparsamkeit und auch der Errettung]
[86 s. Sprichwörter 8, 21]
[87 Bezieht sich auf die barocke Basilika Santa Maria della Salute in Ve-nedig mit einem Bildnis der Madonna in ihrer Kuppel.[lxvi]]

Diese Definition kann ich akzeptieren, doch lasst sie uns nur voll-kommen verstehen. Meine Gegner bejammern oft, dass ich ihnen nicht logisch genug bin. Ich fürchte aber, dass ich im Moment et-was logischer sein muss, als ihnen lieb ist. Aber das Geschäft der Volkswirtschaft ist kein leichtes, und wir dürfen uns keine unkla-ren Begriffe darin erlauben.

Folglich müssen wir hinsichtlich der o. g. Definition zunächst fest-stellen, was die Bedeutung von „Haben" oder die Natur von Be-sitz ist und dann, was die Bedeutung von "nützlich" oder die Natur von Nützlichkeit ist.

Zuerst von den Besitztümern. An der Kreuzung der Querschiffe des Mailänder Doms hat 300 Jahre lang der einbalsamierte Kör-per von St. Carlo Borromeo gelegen. Er hält einen goldenen Bi-schofsstab und hat ein Kreuz aus Smaragden auf seiner Brust. Wenn man anerkennt, dass der Bischofsstab und die Smaragde nützliche Gegenstände sind, betrachtet man sie in diesem Fall als ein „Haben" des toten Körpers? Gehören sie ihm im volkswirt-schaftlichen Sinn von Eigentum? Wenn nicht – und wenn wir folg-lich allgemein annehmen können, dass ein toter Körper kein Ei-gentum besitzen kann –, welcher Grad und welche Dauer von Lebendigkeit macht dann Besitz möglich?

Und demnach: In einem Wrack eines kalifornischen Schiffes band sich kürzlich einer der Passagiere einen Gürtel mit zweihundert Pfund Gold darin um, mit dem er später am Grund gefunden wur-de. Nun, hatte er das Gold oder hatte das Gold ihn – als er unter-ging?*

Und wenn, statt ihn durch sein Gewicht zu ertränken, das Gold ihn an der Stirn getroffen und dadurch eine unheilbare Krankheit

---

* Vergleiche George Herberts *The Church Porch,* Vers 28.
[*"Yet in thy thriving still misdoubt some evil; / Lest gaining gain on thee, and make thee dim / To all things else. Wealth is the conjurer's devil; / Whom when he thinks he hath, the devil hath him. / Gold thou mayst safely touch; but if it stick / Unto thy hands, it woundeth to the quick"*[lxviii], engl. = "Doch in der Blüte achte auch auf's Übel; / Damit Gewinn dich nicht gewinnt und macht dich stumpf / Zu allem andern. Der Zaub'rer füllt mit Reichtum Teufels Kübel; / Und der, der glaubt, dass er ist sein, den hält der Teufel fest am Rumpf. / Gold darfst du berühr'n mit Vorsicht; doch wenn es kleben bleibt / An deinen Händen, führt's ganz schnell in die Dunkelheit."]

verursacht hätte – angenommen Lähmung oder Wahnsinn – wäre das Gold in diesem Fall ein größerer "Besitz" gewesen als im ersten? Ohne dass ich die Frage noch weiter durch Beispiele von der allmählich das Gold übertreffenden Lebenskraft zuspitzen möchte (die ich jedoch geben werde, wenn danach gefragt wird), nehme ich an, dass der Leser erkennt, dass Besitz oder "Haben" keine absolute, sondern eine abgestufte Macht ist, die nicht nur in der Menge oder Natur des im Besitz befindlichen Dings liegt, sondern auch davon abhängt, ob es für jemanden geeignet ist (und zu einem größeren Grad) und diese Person auch die Fähigkeit hat, es zu gebrauchen.

Unsere erweiterte Definition von Reichtum lautet deshalb: "Der Besitz von nützlichen Sachen, *die wir gebrauchen können.*" Das ist eine sehr wichtige Änderung. Denn man sieht, dass Reichtum statt nur vom „Haben", folglich auch vom "Können" abhängt. Der Tod des Gladiators ein "*habet*"[89], der Sieg des Soldaten und die Erlösung des Staates durch "*quo plurimum posset*", (Liv. vii. 6.).[90] Und es zeigt sich, dass das, was für uns bis jetzt nur eine Anhäufung von Material war, offensichtlich auch nach einer Anhäufung von Fähigkeit verlangt.

63. So viel zu unserem Verb. Als nächstes nun zum Adjektiv. Was ist die Bedeutung von "nützlich"? Diese Fragestellung hängt eng mit der letzten zusammen.

---

[89] „*Habet! Hoc habet!*", war der Ruf der Menge, wenn ein Gladiator schwer verletzt oder tödlich verwundet wurde und bedeutete so viel wie „Der hat genug!"]
[90] lat. = „was ihr am besten könnt." Ruskin bezieht sich auf die Geschichte des jungen römischen Soldaten Marcus Curtius, die sich 362 v. C. zugetragen haben soll. Livius (u. a.) beschreibt, dass sich in der Mitte des Forum Romanums ein großer Spalt aufgetan hat, der sich dem Spruch der Wahrsager nach durch nichts anderes wieder schließen würde, als durch ein Opfer der größten Tugend des Römischen Volkes. Marcus Curtius sah die kriegerische Tapferkeit als die höchste Tugend an, weihte sich selbst zum Opfer und stürzte sich mitsamt Pferd und in voller Rüstung in den Abgrund, der sich daraufhin wieder verschloss."[lxix] Der Name des heute in Rom freigelegten Lacus Curtius, der Curtische See, soll auf diese Geschehnisse zurückgehen. – Der von Ruskin zitierte Abschnitt daraus lautet im obigen Text eigentlich „*coeptum quo plurimum populus Romanus posset*"[lxx] und wird in der Übersetzung von Heusinger wiedergegeben mit „worin eigentlich die Hauptstärke des Römischen Volks bestehe".[lxix]]

Denn was in den Händen einiger Personen nützlich ist, wird von anderen zum Gegenteil verwendet und allgemein "Gebrauch" oder "Missbrauch" genannt. Dabei hängt es viel mehr von der Person als von der Sache ab, ob ihre Brauchbarkeit oder Unbrauchbarkeit die entwickelte Qualität sein wird. Richtig verwendet „erfreut [der Wein] die Götter und die Menschen"[91], den die Griechen in ihrem Bacchus zu Recht zum Typus aller Leidenschaft gemacht haben, d. h. er stärkt sowohl die göttliche Kraft der Vernunft als auch die weltliche oder fleischliche des Menschen. Missbraucht wird er aber zu „Dionusos" und fügt besonders dem göttlichen Anteil des Menschen, der Vernunft, Schaden zu.[92] Und wieder trägt man, was Gebrauch und Missbrauch angeht, für den Körper selbst Verantwortung, der richtig diszipliniert für den Staat sowohl im Krieg, als auch für Arbeit verwendbar ist. Doch wird er

---

[91 s. Richter 9, 13]

[92 Ruskins Gegenüberstellung von Bacchus und Dionysos kann man an dieser Stelle nicht so ganz nachvollziehen. Bacchus und Dionysos bezeichnen eigentlich dieselbe „Gottheit" entweder bei den Römern oder bei den Griechen. Bacchus ist aber eigentlich der römische Name dieser Gottheit und nicht der griechische, wie in Ruskins Verwendung. Es ist auch nicht ganz klar, warum er statt „Dionysos" die eigentlich ungewöhnliche Schreibweise „Dionusos" verwendet. Letztlich geht es Ruskin wohl darum, einen Unterschied zwischen maßvollem und übermäßigem Alkoholgenuss zu machen.

Kommentar: Da er das Bibelzitat voranstellt, schleicht sich hier und auch an anderer Stelle auch bei Ruskin der Irrtum ein, dass mit unserem heutigen Verständnis von Wein, dasselbe gemeint ist, wie zu biblischen Zeiten. Folgt man den Ursprungstexten der Bibel über das Griechische bis ins Hebräische oder Aramäische, wird klar, dass sowohl im Alten als auch Neuen Testament deutlich zwischen unvergorenem Traubensaft und schädlichem „Wein" oder „starkem Getränk" unterschieden wird. Die heutigen Bibelübersetzungen differenzieren dies nicht mehr. Vor Wein im Sinne eines berauschenden Getränks wird an vielen Stellen deutlich und absolut gewarnt und nicht nur zum Maßhalten aufgerufen (z. B. „Schau nicht nach dem Wein, wie er rötlich schimmert, wie er funkelt im Becher: Er trinkt sich so leicht! Zuletzt beißt er wie eine Schlange, verspritzt Gift gleich einer Viper." Sprichwörter 23, 31-32). Leider wird diese unbestreitbare Tatsache von vielen sogenannten Christen weder anerkannt noch umgesetzt. In Ruskins Bibelzitat (Richter 9, 13) ist also auch mit Sicherheit Traubensaft und kein Wein in unserem heutigen Sinne gemeint. Und weiter stammen Bacchus und Dionysos natürlich aus vorchristlichen Zeiten. Eigentlich müsste das Dionysische somit eher dem Apollinischen gegenübergestellt werden.]

nicht diszipliniert oder missbraucht, ist er wertlos für ihn und nur fähig, die private oder individuelle Existenz fortzusetzen – und das nur leidlich. Die Griechen nannten einen solchen Körper einen "idiotischen" oder "privaten", was von der Bezeichnung einer Person abgeleitet ist, die in keiner Weise direkt nützlich für den Staat ist. Daher kommt schließlich unser "Idiot", der eine ausschließlich mit seinen eigenen Angelegenheiten beschäftigte Person bezeichnet.[93]

Daraus folgt, dass eine Sache, um nützlich zu sein, nicht nur von brauchbarer Natur, sondern sich auch in nützlichen Händen befinden muss. Oder genauer gesagt ist Nützlichkeit der Wert in den Händen des Tapferen. Wie wir gerade gesehen haben, ist die Wissenschaft vom Reichtum, als Wissenschaft der Akkumulation betrachtet, kumulativ hinsichtlich von Fähigkeit und Material. Betrachtet als Wissenschaft des Vertriebs, ist sie nicht absolut, sondern relativ – d. h. nicht alles für jeden, sondern das Richtige für den Richtigen. Es ist eine schwierige Wissenschaft, die von mehr als Arithmetik abhängt.

64. Somit ist Wohlstand "DER BESITZ DES WERTVOLLEN DURCH DEN TAPFEREN" und als Kraft in einer Nation betrachtet, müssen die beiden Elemente, der Wert der Sache und die Tapferkeit ihres Besitzers, zusammen bewertet werden. Woher kommt es, dass viele Personen, die allgemein als wohlhabend angesehen werden, eigentlich nicht reicher sind, als die Schlösser ihrer eigenen starken Schatztruhen – von Natur aus und für immer unfähig zu

---

[93] Die Ableitung des Wortes von seiner zweiten griechischen Bedeutung von "Laie" (im Gegensatz zu "hauptberuflich") wird bei Trench so dargestellt: „Der „Idiot" oder *ἰδιώτης* war ursprünglich der Privatmann im Gegensatz zu jemandem, der ein Amt bekleidet und Teil hat an der Regelung öffentlicher Angelegenheiten. In dieser seiner primären Bedeutung wird es im Englischen gelegentlich verwendet, wenn Jeremy Taylor sagt: ‚Demut ist die Pflicht der Großen wie auch der Idioten.' Danach wurde es aber gebraucht, um eine rüde, ignorante, ungelernte und intellektuell ungeübte Person zu bezeichnen, einen Flegel. Diese abgeleitete oder Zweitbedeutung zeugt von einer tief in der griechischen Seele verankerten Überzeugung hinsichtlich der Unentbehrlichkeit des öffentlichen Lebens, sogar für die richtige Entwicklung des Denkens – eine Überzeugung, die kaum mit größerer Klarheit geäußert werden konnte als durch den Zweitgebrauch von ‚Idiot'", (*On the Study of Words*, S. 86, Ed. 1867).[lxxi]]

Wohlstand? Aus wirtschaftlicher Sicht dienen sie dem Land vielleicht als Pfützen stehenden Wassers oder als Wirbel im Strom, die nutzlos sind solange der Strom fließt oder nur dazu, Leute zu ertränken. (Aber viele erlangen Bedeutung, wenn in einer Zeit der Stagnation der Strom austrocknen sollte.) Auch können sie als Wehre im Fluss dienen, deren Bedeutung aber nicht in ihnen selbst liegt, sondern abhängig ist vom Müller. Oder sie handeln bloß als vorübergehende Gäste und Hindernisse und nicht als Wohlstand, sondern – weil wir einen ähnlichen Begriff verwenden sollten – als "Missstand"[94], der verschiedene Verwüstungen und Schwierigkeiten um sich herum verbreitet. Vielleicht handeln sie letztlich überhaupt nicht, sondern agieren wie lebende Bremsklötze, da nichts von dem, was sie haben, verwendet werden kann, bis sie tot sind. Wobei sie im letzteren Zustand nichtsdestotrotz häufig *als* Bremsklötze und "*impedimenta*"[95] nützlich sind, wenn eine Nation dazu neigt, sich zu schnell zu bewegen.

65. Wenn das so ist, dann liegt die Schwierigkeit einer wahren Wissenschaft der Ökonomie nicht bloß in der Notwendigkeit, einen menschlichen Umgang mit materiellen Werten zu entwickeln, sondern – da Wohlstand nur aus der Verbindung von menschlichem Charakter und materiellem Wert entsteht – in der Tatsache, dass sie dennoch eine zerstörende Wirkung aufeinander haben. Denn der menschliche Charakter neigt dazu, den materiellen Wert zu ignorieren oder, wie bei Pope, ihn sogar zu verwerfen:

"Sure, of qualities demanding praise

More go to ruin fortunes, than to raise."[96]

---

[94] Ruskin stellt hier im Englischen dem Wort *wealth* den selbstkreierten Begriff *illth* „als gegenteiligen Begriff und gegenteiliges Konzept ... von Reichtum im Sinne von „Wohlstand" gegenüber. Das *Oxford English Dictionary* erkennt ihn als gültiges Wort an.[lxxii]]

[95] lat. = schwere Gepäckstücke, Hindernisse, schweres Marschgepäck]

[96] In Popes *Moral Essays* heißt es eigentlich: "*Yet sure, of qualities deserving praise, / More go to ruin fortunes, than to raise*"[lxxiii], engl. = "Bestimmt, von all den Eigenschaften hoch in Ehren / Ruinieren mehr Vermögen, als dass sie sie mehren."]

Andererseits neigt der materielle Wert dazu, den menschlichen Charakter zu untergraben, so dass es unsere Arbeit sein muss, herauszufinden, welche Hinweise es auf den Einfluss von Reichtum auf den Charakter seines Besitzers gibt und auch, was für ein Mensch es ist, der gewöhnlich nach Reichtum strebt und dabei erfolgreich ist. Auch wollen wir herausfinden, ob die Welt eher den Reichen oder den Armen entweder für ihren moralischen Einfluss bzw. für Spitzenprodukte, Entdeckungen und praktischen Fortschritt Dankbarkeit schuldet. Zukünftige Schlussfolgerungen kann ich jedoch so weit vorwegnehmen und feststellen, dass in einer Gemeinschaft, die nur durch das Gesetz von Angebot und Nachfrage kontrolliert wird, aber vor offener Gewalt geschützt ist, die Personen, die reich werden, im Allgemeinen die sind, die fleißig, entschlossen, stolz, begehrlich, schnell, methodisch, vernünftig, fantasielos, gefühllos und ignorant sind. Die, die arm bleiben, sind die völlig Dummen, die ganz und gar Klugen*, die Faulen, Rücksichtslosen, Bescheidenen, Nachdenklichen, Stumpfsinnigen, Fantasievollen, Empfindsamen, Gut-Informierten, die Sorglosen, die auffallenden und impulsiven Frevler, der ungeschickte Bube, der offene Dieb und der voll und ganz barmherzige, gerechte und fromme Mensch.

66. Soweit über den Reichtum. Als nächstes müssen wir uns über die Natur des PREISES Gedanken machen, d. h. über den Tauschwert und seinen Ausdruck über die Währungen.

Nehmt zuerst zur Kenntnis, dass es durch Tauschhandel keinen *Profit* geben kann. Nur in der Arbeit kann Profit liegen, d. h. eine "Herstellung im Voraus" oder "Herstellung zu Gunsten von" (von *proficio*[97]). Im Tauschhandel gibt es nur einen Vorteil, d. h, den Transfer eines Vorteils oder von Macht zu den am Tausch beteiligten Personen. So verwandelt ein Mensch durch Säen und Ernten ein Maß Mais in zwei Maß. Das ist Profit. Ein anderer macht durch Graben und Schmieden aus einem Spaten zwei. Das ist

---

* "ὁ Ζεύς δήπου πένεται" [altgr. = „Zeus, wahrhaftig, ist arm."[lxxiv]] – Arist. *Plut.* 582. Es würde die großen Worte schwächen, die vorangehenden direkt anzufügen –"ὅτι τοῦ Πλούτου παρέχω βελτίονας ἄνδρας, καὶ τὴν γνώμην, καὶ τήν ἰδέαν", [altgr. = „daß [sic!] bessere Menschen ich (Penia lat. = Armut) mache als Plutos (lat. = Reichtum), an Gestalt sowohl als an Geiste."[lxxv]]
[97 lat. = ich komme voran, richte etwas aus, nütze, helfe, mache Fortschritte, habe Erfolg.]

Profit. Aber der, der zwei Maß Getreide hat, möchte manchmal graben, und der, der zwei Spaten hat, möchte manchmal essen. Sie tauschen das geerntete Korn gegen das geschmiedete Werkzeug, und beiden geht es dadurch besser. Doch obwohl sich große Vorteile durch die Transaktion ergeben, gibt es keinen Gewinn. Nichts wird erbaut oder erzeugt. Nur das, was vorher hergestellt wurde, wird jemandem gegeben, der es verwenden kann. Wenn Arbeit notwendig ist, um den Austausch möglich zu machen, ist diese Arbeit eigentlich ein Teil der Produktion und macht wie jede andere Arbeit Gewinn. Und wie viele an der Fertigung oder Beförderung auch beteiligt sind, sie haben Anteil am Gewinn. Doch der Tauschhandel besteht weder aus Fertigung noch aus dem Transport, und durch den Tausch ergibt sich kein Gewinn.

Erwerb jedoch kann es geben, was aber etwas ganz anderes ist. Kann jemand etwas tauschen, das ihn wenig Arbeit gekostet hat, für etwas, das den anderen viel gekostet hat, dann „erwirbt" er eine bestimmte Menge am Produkt der Arbeit eines anderen. Und genau das, was er erwirbt, verliert der andere. In der kaufmännischen Sprache sagt man gewöhnlich, dass jemand, der so erwirbt „einen Gewinn gemacht" hat. Und ich glaube, dass viele unserer Händler ernsthaft den Eindruck haben, dass es für jeden möglich ist, auf diese Art und Weise irgendwie einen Gewinn zu machen. Doch leider haben sowohl die Gesetze der Materie und der Bewegung dieser unglücklichen Welt, in der wir leben, ziemlich strikt einen universalen Erwerb dieser Art verboten. Profit oder materieller Gewinn ist nur durch Aufbau oder Entdeckung erreichbar, nicht durch Tausch. Wenn materieller Gewinn mit Tausch einhergeht, gibt es für jedes *Plus*, ein genau gleiches *Minus*.

Dem Fortschritt der Wissenschaft der Nationalökonomie entgegenstehend kreieren die Plus-Mengen oder – wenn man mir erlaubt, einen plumpen Plural zu prägen – die Plusse unglücklicherweise ein sehr positives und ehrwürdiges Äußeres in der Welt, so dass jeder begierig ist, die Wissenschaft zu lernen, die so prächtige Ergebnisse erzeugt. Leider haben die Minusse andererseits die Tendenz, sich in Seitengassen und andere schattige Orte zurückzuziehen oder sich sogar voll und ganz in Gräber zu verkriechen. Das macht die Algebra dieser Wissenschaft eigentümlich und schwer leserlich, wurden doch viele ihrer Minuszeichen vom Kontoführer in einer Art roter Tinte geschrieben, die der

Hunger verdünnt und der sie heute seltsam blass bzw. sogar ziemlich unsichtbar macht.

67. Die Wissenschaft vom Tausch oder, wie es auch vorgeschlagen wurde, von der „Katallaktik"[98]als eine des Gewinns zu betrachten, ist deshalb einfach wertlos. Als eine des Erwerbs gesehen ist sie dagegen eine sehr merkwürdige, die sich hinsichtlich ihres Datenmaterials und ihrer Grundlage von jeder anderen bekannten Wissenschaft unterscheidet. Wenn ich eine Nadel mit einem Wilden für einen Diamanten tauschen kann, beruht meine Macht dies zu tun entweder auf der Unwissenheit des Wilden über die gesellschaftlichen Einordnungen in Europa oder auf seinem Mangel an Macht, einen Vorteil aus ihnen zu ziehen und den Diamanten jemand anderem für mehr Nadeln zu verkaufen. Wenn ich weiter den Handel ganz und gar zu meinen Gunsten abschließe, indem ich dem Wilden eine Nadel ohne Öhr gebe – und so eine ausreichend befriedigende Form von vollkommener Transaktion im Sinne der katallaktischen Wissenschaft erreiche –, hängt der Vorteil dabei für mich ganz von der Unerfahrenheit, Ohnmacht oder Unachtsamkeit meines Handelspartners ab. Beseitigt man diese, wird ein katallaktischer Vorteil unmöglich. Solange sich deshalb die Wissenschaft des Tauschs auf den Vorteil eines der Tauschpartner bezieht, basiert sie auf der Unerfahrenheit oder Unfähigkeit des anderen Partners. Wo diese verschwinden, verschwindet auch sie. Sie ist deshalb eine auf Unwissenheit aufbauende Wissenschaft und eine Kunst, basierend auf fehlender Kunstfertigkeit.[99] Außer ihr haben alle anderen Wissenschaf-

---

[98 Der Begriff wurde erstmalig 1831 von Whately in seinen Vorlesungen über Politische Ökonomie verwendet: "Der Name, den ich als bestbeschreibend und insgesamt als am wenigsten anstoßend bevorzuge, ist Katallaktik oder die ‚Wissenschaft vom Tausch'.[lxxvii]
Hayek leitete das Wort „Katallaxie" (basierend auf καταλλαξία) vom griechischen Verb katallasso (καταλλάσσω) ab, was nicht nur "tauschen", sondern auch "in die Gemeinschaft aufnehmen" und "einen Feind zum Freund machen" bedeutet.[lxxvi]]
[99 Ruskin benutzt hier die englischen Wortspiele: "*It is therefore a science founded on nescience, and an art founded on artlessness*", was eigentlich bedeutet: "Sie ist deshalb eine Wissenschaft, die auf Unwissenheit und eine Kunst, die auf Arglosigkeit basiert. Im Deutschen kann das letztere Wortspiel (*art – artlessness*) aber nur wiedergegeben werden, wenn man unter *artlessness* einen Mangel an Kunstfertigkeit versteht, was auch einer der sekundären Bedeutungen entspricht. Da ein Mangel

ten und Künste das Ziel, die Unwissenheit und Einfältigkeit ihres erklärten Fachgebiets zu beseitigen. *Diese* Wissenschaft dagegen muss jedoch unter dem Einsatz aller verfügbaren Mittel ihr fachliches Unwissen verkünden und verlängern, da sie selbst sonst nicht mehr bestehen kann. Sie ist folglich absonderlich und die einzige Wissenschaft der Dunkelheit. Wahrscheinlich ist sie eine Bastardwissenschaft – und unter keinen Umständen eine *divina scientia*[100], sondern eine, von einem anderen Vater gezeugt. Dieser Vater, der seinen Kindern empfiehlt, Steine in Brot zu verwandeln[101], ist selbst damit beschäftigt, Brot in Steine zu verwandeln und der ihnen eine Schlange gibt, wenn sie ihn um einen Fisch bitten (der auf seinem Land nicht erzeugt werden kann).[102]

68. Das allgemeine Gesetz, das gerechten oder wirtschaftlichen Austausch berücksichtigt, lautet somit einfach: Es muss sich ein Vorteil für beide Tauschpartner ergeben (oder wenn der Vorteil nur auf einer Seite besteht, darf wenigstens der andere nicht benachteiligt werden) und eine gerechte Bezahlung für die Zeit, das Wissen und die Arbeit jeder Zwischenperson, die die Transaktion durchführt (üblicherweise Händler genannt). Welcher Vorteil auch immer für beide Seiten besteht oder welcher Betrag der Mittelsperson auch immer gegeben wird, alles sollte für die Beteiligten vollständig transparent sein. Jeder Versuch, etwas zu verbergen, impliziert eine gewisse Praxis der entgegengesetzten, nicht göttlichen Wissenschaft, die auf Unwissen basiert. Darauf bezieht sich ein anderes Sprichwort des jüdischen Kaufmanns: "Wie ein Nagel in der Mauer zwischen zwei Steinen steckt, so steckt auch Sünde zwischen Kauf und Verkauf."[103] Welche eigenartige Verbindung von Stein und Holz wird beim Handel wieder hergestellt im Haus, das zerstört werden sollte als Zacharias Rolle (wahrscheinlich

---

an Kunstfertigkeit natürlich auch immer einen Mangel an Wissen impliziert, lässt sich die Hauptbedeutung des Wortes (Einfältigkeit, Arglosigkeit) leicht ableiten, die in Ruskins Beispiel auch wohl vordergründig gemeint ist, da er von „unerfahrenen Wilden" spricht.]
[100 lat. = göttliche Wissenschaft]
[101 s. Matthäus 4, 3]
[102 s. Matthäus 7, 10]
[103 Sirach 27, 2f]

eher ein „Krummschwert"[104]) darüber flog? "Das ist der Fluch, der
ausgeht über das ganze Land; denn alle Diebe werden nach dieser Schrift von hier ausgefegt und alle Meineidigen werden nach
dieser Schrift von hier ausgefegt."[105] Es folgt sofort die siebte Vision: "Das ist die Sünde im ganzen Lande" (αὕτη ἡ ἀδικία αὐτῶν ἐν
ϖάσῃ τῇ γῇ),[106] mit dem Gewicht aus Blei auf dem Deckel des
Fasses, und der Frau, der Geist der Ruchlosigkeit, darin – also
Ruchlosigkeit im Gewand der Dummheit und äußerlich formali-
siert mit schwerfällig etablierter Grausamkeit. "Dass ihr ein Tempel gebaut werde im Lande Schinar und sie dort aufgestellt werde."*

69. Bis jetzt habe ich mich beim Reden über Tausch sorgfältig auf
die Verwendung des Begriffs "Vorteil" beschränkt. Dieser Begriff
aber beinhaltet zwei Ideen: nämlich zum einen das zu bekommen, was wir *brauchen* und zum anderen das, was wir uns *wünschen*. Dreiviertel der Nachfrage unserer Welt ist eigentlich ro-
mantischer Natur, d. h. sie basiert auf Visionen, Idealismus, Hoff-
nungen und Zuneigung. Und die Regulierung des Geldbeutels erfolgt in ihrer Essenz letztlich durch die Kontrolle der Vorstellungskraft und des Herzens. Folglich ist eine angemessene Diskussion
über die Natur des Preises ein höchst metaphysisches und psy-
chisches Problem, das manchmal nur auf leidenschaftliche Art
gelöst werden kann, wie David, der den Wert des Wassers vom
Brunnen am Tor von Bethlehem bestimmt.[107] Doch zunächst ist
bei der Preisbildung Folgendes zu berücksichtigen: Der Preis einer Sache entspricht der Menge an Arbeit, die von der Person geleistet wird, die sie besitzen möchte. Dieser Preis hängt von vier
Variablen ab: Der Stärke des Wunsches A, die der Käufer nach

[104 Die „fliegende Schriftrolle" in der Einheitsübersetzung, "*volumen vo-
lans*" in der *Vulgata*, aber „δρέπανον πετόμενον" (gr. = fliegende Sichel) in
der *Septuaginta*.[lxxviii]]
[105 Sacharja 5, 3]
[106 s. Sacharja 5, 6. Ruskin hält sich hier wieder an die *Septuaginta*, wo
es eigentlich „Ungerechtigkeit" heißt und nicht „*resemblance*" (engl. =
Ähnlichkeit) wie in der King James Bibel oder „Sünde" wie in deutschen
Übersetzungen.[lxxix]]
* Sach. 5, 11. Siehe Anmerkung zur Passage auf S. 114. [Das Land
Schinar wird in anderen Übersetzungen auch mit Babel gleichgesetzt,
obwohl es nur eine babylonische Provinz war. Für den Gesamtbezug von
§68 s. Sacharja 5.]
[107 s. 2. Samuel 23, 15-17, 1. Chronik 11, 17-19]

einer Sache hat, gegenüber der Stärke des Wunsches a, die der Verkäufer hat, sie zu behalten, weiterhin von der Menge an Arbeit B, die sich der Käufer leisten kann, um sie zu bekommen, gegenüber der Menge an Arbeit β, die sich der Verkäufer leisten kann, um sie zu behalten. Dabei funktionieren diese Variablen nur im Übermaß, d. h. die Stärke des Wunsches *(A)* entspricht der Stärke des Wunsches nach dieser Sache vor dem Wunsch nach anderen Dingen. Und die Menge an Arbeit *(B)* entspricht der Arbeitsmenge, die eingespart werden kann, gegenüber der, die notwendig ist, um andere Dinge zu erhalten.

Phänomene des Preises sind folglich höchst kompliziert, merkwürdig und interessant – jedoch zu kompliziert, um an dieser Stelle untersucht zu werden. Folgt man ihnen jedoch weit genug, so entpuppen sich alle schließlich als Teil des Geschäfts mit den Armen der Herde ("die Schafe, die geschlachtet werden sollen").[108] „Gefällt's euch, so gebt her meinen Lohn; wenn nicht, so lasst's bleiben", Sach. 11, 12. Aber da der Preis von allem schließlich in Arbeit umgerechnet werden soll, ist es notwendig, dafür einen Standard festzulegen.

70. Arbeit ist der Lebenskampf des Menschen mit einem Gegenteil – wobei mit dem Begriff "Leben" Intelligenz, Seele und körperliche Kraft gemeint sind, die mit Fragen, Schwierigkeiten, Prüfungen oder materieller Gewalt kämpfen.

Es gibt Arbeit von höherer und niedrigerer Ordnung, so wie sie mehr oder weniger der Elemente des Lebens beinhaltet. Und Arbeit guter Qualität beinhaltet immer genau soviel Intelligenz und Gefühl wie notwendig ist, um die physische Kraft vollständig und harmonisch zu kontrollieren.

Bei der Diskussion von Wert und Preis der Arbeit ist es immer notwendig, von Arbeit eines gegebenen Rangs und bestimmter Qualität zu sprechen, so wie wir von Gold oder Silber eines bestimmten Standards sprechen sollten. Schlechte (d. h. herzlose, unerfahrene oder sinnlose) Arbeit kann nicht bewertet werden.

[108 Sacharja 11, 7]

Sie ist wie Gold von unbekannter Legierung oder fehlerhaftes Eisen.*

Die Qualität und Art einer geleisteten Arbeit, ihr Wert, ist wie der aller anderen wertvollen Dinge, unveränderlich. Aber ihre Menge, die für andere Sachen gegeben werden muss, ist variabel. Und bei der Bewertung dieser Unterschiede muss der Preis anderer Dinge immer an der Menge an Arbeit gemessen werden, nicht der Preis der Arbeit an der Anzahl der Dinge.

71. Wenn wir also z. B. einen Apfelschössling in steinigen Boden pflanzen wollen, kann das eine Arbeit von zwei Stunden notwendig machen, im weichen Boden dagegen vielleicht nur eine halbe Stunde. Gehen wir davon aus, dass der Boden für den Baum in beiden Fällen gleich gut ist, dann ist der Wert des mit der Arbeit von zwei Stunden gepflanzten Schösslings keineswegs größer als der des in einer halben Stunde gepflanzten. Der eine wird nicht mehr Früchte tragen als der andere. Außerdem ist eine halbe Stunde Arbeit genauso wertvoll, wie eine andere halbe Stunde. Dennoch hat der eine Schössling vier solche Einheiten, der andere aber nur eine gekostet. Nun liegt die richtige Schlussfolgerung aus dieser Tatsache nicht darin, dass die Arbeit im harten Boden billiger ist als im weichen, sondern dass der Baum teurer ist. Der Tauschwert kann oder kann später nicht von dieser Tatsache abhängen. Wenn andere viel weichen Boden zum Pflanzen haben, werden sie mit dem Preis, den sie für den Baum auf dem Felsen bieten werden, keine Rücksicht auf unsere zweistündige Anstrengung nehmen. Und wenn wir aus Mangel an botanischen

---

* Eine ganz und gar gute Arbeit, d. h. eine effektive oder effiziente, nannten die Griechen "wägbar" oder ἄξιος, was normalerweise mit "würdig" übersetzt wird und, da so bedeutend und wahr, nannten sie den Preis einer solchen Arbeit τιμή seine "ehrenhafte Wertschätzung" (*honorarium* [lat. = Ehrensold]). Dieses Wort gründet auf ihrem Konzept von wahrer Arbeit als einer göttlichen Sache, der man mit der gleichen Ehrerbietung begegnet, die den Göttern erwiesen wird. Der Preis für schlechte oder destruktive Arbeit wird dagegen nicht mit Ehre, sondern mit Vergeltung belohnt, für die sie ein anderes Wort reservierten, das die Eintreibung eines solchen Preises einer merkwürdigen Göttin Tisiphone [eine der Erinnyen] zusprach, der „Rächerin (oder Quittungsnehmer) des Todes". Bewandert in den höchsten Gipfeln der Arithmetik und pünktlich in ihren Gewohnheiten, wurden ihre laufenden Konten auch heute wieder geöffnet.

Kenntnissen einen Upas-[109] statt einen Apfelbaum gepflanzt haben, wird der Tauschwert negativ sein und noch weniger im Verhältnis zur aufgewendeten Arbeit stehen.

Was man gewöhnlich unter billiger Arbeit versteht, ist folglich eigentlich ein Kennzeichen dafür, dass viele Hindernisse überwunden werden müssen und damit viel Arbeit verlangt wird, um ein relativ kleines Ergebnis zu erzeugen. Aber es sollte nie von billiger Arbeit gesprochen werden, sondern von einem hohen Preis des Objekts für das gearbeitet wurde. Es wäre genauso vernünftig zu sagen, dass der Fußmarsch billig war, weil wir zu unserem Mittagessen zehn Meilen nach Hause laufen mussten oder dass diese Arbeit billig war, weil wir zehn Stunden arbeiten mussten, um es zu verdienen.

72. Der letzte Begriff, den wir definieren müssen, ist "Produktion".

Bisher habe ich von jeder Arbeit als gewinnbringend gesprochen, weil es unmöglich ist, gleichzeitig über die Qualität oder den Wert von Arbeit und über ihr Ziel nachzudenken. Aber Arbeit von bester Qualität kann in ihrer Zielsetzung verschieden sein. Sie kann als Landwirtschaft entweder konstruktiv sein ("ansammelnd", von *con* und *struo*[110]), zwecklos, wie das Schleifen von Juwelen oder destruktiv ("zerstreuend" von *de*[111] und *struo*) wie der Krieg. Es ist jedoch nicht immer leicht, anscheinend wertlose Arbeit als solche tatsächlich nachzuweisen.* Allgemein funktioniert die Formel gut:

---

[109] *Antiaris toxicaria* Lesch.: In den tropischen und gemäßigten Regionen Süd-Ost-Asiens und tropischen Regionen Afrikas weit verbreiteter bis zu 60 m hoch werdender immergrüner Laubbaum, dessen Milchsaft v. a. von den Ureinwohnern Indonesiens oder Malaysias als Pfeilgift verwendet wurde.]

[110] *con* = lat. Vorsilbe = mit-, zusammen; *struo* = ich ordne, baue (u. a.) von *struere*.]

[111] *de* = lat. Vorsilbe = ab-, weg-, herab, miss-]

* Die wohl wertloseste Arbeit ist vielleicht die, von der nicht genug gegeben wird, um einen Zweck wirkungsvoll zu erfüllen und die folglich noch einmal ganz von vorne gemacht werden muss. Dazu gehört auch die Arbeit, die aufgrund mangelnder Zusammenarbeit ihren Zweck verfehlt. Der Curé [katholische Priester] eines kleinen Dorfes in der Nähe von Bellinzona – demgegenüber ich meine Verwunderung ausdrückte, dass die Bauern dem Tessin erlaubten, ihre Felder zu überfluten – erzählte mir, dass sie sich nicht zusammentaten, um einen wirkungsvollen Damm hoch oben im Tal zu bauen, weil jeder sagte, dass der seinem Nachbarn

"[...] wer nicht mit mir sammelt, der zerstreut".[112] Folglich ist die Kunst des Juweliers mit seinem Götzendienst an einem plumpen und geschmacklosen Stolz wahrscheinlich sehr schädlich. Schließlich glaube ich, dass, kurz gesagt, fast jede Arbeit in positive und negative eingeteilt werden kann: positiv ist die, die Leben erzeugt, negativ ist die, die den Tod bringt. Die unmittelbarste negative Arbeit ist Mord und die unmittelbarste positive, das Austragen und Aufziehen von Kindern. So ist auf der negativen Seite der Untätigkeit im selben Maß wie der Mord hasserfüllt ist, auf der positiven Seite der Untätigkeit das Aufziehen von Kindern genauso bewundernswert. Aus diesem Grund und wegen der Ehre, die die Erziehung* von Kindern mit sich bringt, sind – während es heißt die Frau ist wie die Weinrebe (für die Freude) – die Kinder wie der Ölzweig zum Lob des Herrn.[114] Doch sie dienen nicht nur dem Lob allein, sondern auch dem Frieden (da große Familien sich nur in Zeiten des Friedens entwickeln können); denn obwohl sie ihre Kraft beim Streben und Reisen in verschiedene Länder verteilen, sind sie von ihrer Heimat aus gesehen wie Pfeile in der Hand des Riesen, die ihr Ziel da und dort in weiter Ferne treffen.[115]

---

genauso viel helfen würde wie ihm selbst. So baute jeder einen kleinen Damm über seinem eigenen Feld, und der Tessin fegte sie hinweg und verschluckte alle zusammen, sobald es ihm gefiel.

[[112] s. Matthäus 12, 30]

* Man beachte, dass ich "erziehen" und nicht "erzeugen" meine. Das Lob findet in der siebten Jahreszeit [hier müsste es eigentlich heißen dritte Jahreszeit (s. Satzende)] statt, nicht in σπορητός [fünfte Jahreszeit der Aussaat] oder in φυταλία [siebte Jahreszeit, der letzte Teil des Winters, wo man Bäume pflanzt], sondern im ὀπώρα [dritte Jahreszeit, Hundstage und Frühherbst, Zeit der Ernte].[lxxx] Es ist seltsam, dass die Menschen immer jemanden mit Begeisterung sehen, der mit einer momentanen Anstrengung ein Leben rettet, aber nur sehr zögerlich jemanden rühmen, der durch jahrelange Anstrengung und Selbstverleugnung eines erschafft. Wir vergeben die Krone „ob civem servatum" [lat. = „an den Bürger, der gerettet hat", also an den „Helden der Stunde"] – warum nicht „ob civem natum" [lat. = „an den Bürger (oder Bürgerin), der geboren hat"] – geboren zur vollen Entwicklung von Geist und Körper? England hat genug Eichen, so glaube ich, für beide Kränze.

[[114] s. Psalmen 128, 3]

[[115] s. Psalmen 127, 4]

Wenn Arbeit so verschiedene Ergebnisse erzielt, dann steht der Wohlstand einer Nation im genauen Verhältnis zur Menge an Arbeit, die sie für das Erreichen und die Verwendung der Mittel zum Leben ausgibt. Man beachte bitte, dass ich von Erreichen und Verwenden rede, d. h. nicht nur von kluger Erzeugung, sondern auch von kluger Verteilung und klugem Verbrauch. Ökonomen gehen gewöhnlich davon aus, dass es nichts Gutes an einem absoluten Konsum geben würde.* Weit davon entfernt ist absoluter Konsum jedoch die Spitze, die Krone und die Perfektion der Produktion. Und kluger Konsum ist eine weit schwierigere Kunst als eine kluge Produktion. Zwanzig Leute können Geld verdienen, und dabei ist nur einer, der es benutzen kann. Die lebenswichtige Frage für das Individuum und die Nation lautet deshalb niemals: "Wie viel verdienen sie?", sondern, "Für welchen Zweck geben sie es aus?"

73. Der Leser mag vielleicht etwas überrascht sein über die geringe Beachtung, die ich bis jetzt dem „Kapital" und seinen Funktionen geschenkt habe. Hier ist jetzt die Stelle, um sie zu definieren.

Kapital bedeutet "Kopf, Quelle oder Ausgangsmaterial" – es ist das Material, durch das veredelte oder sekundäre Güter erzeugt werden. Dabei ist es nur wirkliches Kapital (*Caput vivum*, nicht *Caput mortuum*[116]), wenn es etwas anderes, von sich selbst verschiedenes erzeugt. Es ist wie eine Wurzel, die so lange keine vitalen Funktionen übernimmt, bis sie etwas anderes produziert als eine Wurzel, nämlich eine Frucht. Diese Frucht wird mit der Zeit wieder Wurzeln erzeugen, und so fließt alles lebendige Kapital in die Reproduktion von Kapital. Doch Kapital, das nichts anderes erzeugt als Kapital, ist nur eine Wurzel, die Wurzeln erzeugt, eine Zwiebel, die eine Zwiebel erzeugt, aber nie eine Tulpe, ein Samen, der Samen, aber niemals Brot hervorbringt. Die Politische Ökonomie Europas hat sich bis jetzt ganz der Vermehrung oder (sogar noch weniger als) der Ansammlung von Zwie-

---

* Wenn Mr. Mill von produktivem Konsum spricht, meint er nur Konsum, der zu einer Zunahme von Kapital oder materiellem Reichtum führt (s. I. iii. 4, und I. iii. 5).
[116 lat. = lebendiges Haupt, kein totes Haupt. – Als "*Caput mortuum*" bezeichneten auch die alten Chemiker den Rest von Chemikalien, nachdem ihr gesamter flüchtiger Bestandteil verdunstet war.[lxxxi]]

beln gewidmet. Sie hat noch nie so etwas wie eine Tulpe gesehen oder konzipiert. Nein, bestenfalls gekochte Zwiebeln oder – als Glaszwiebeln – Bologneser Tränen, als Pulver konsumiert (wenn es wenigstens Glas- und kein Schießpulver war).[117] Es könnte auch jede andere Bestimmung oder Bedeutung gewesen sein, die von den Ökonomen zur Definition ihrer Gesetze der Anhäufung verwendet wird. Wir werden versuchen, einen klareren Begriff davon zu bekommen.

Die beste und einfachste allgemeine Form von Kapital ist ein gut gemachtes Pflugschar. Nun, wenn dieses Pflugschar wirklich nichts anderes macht, als in einer polypenhaften Weise weitere Pflugschare zu erzeugen, würde der so erzeugte große Haufen jedoch seine Funktion als Kapital verloren haben, wie schön auch immer er in der Sonne glitzerte. Zum wahren Kapital wird es erst durch eine andere Art von Pracht, nämlich, wenn das Schar, "*splendescere sulco*"[118], in der Furche anfängt zu glänzen – und das eher aufgrund der Abnahme seiner Substanz durch die noble Reibung als durch Zunahme. Und die wahre Gretchenfrage an jeden Kapitalisten und an jede Nation lautet nicht: „Wie viele Pflüge hast du?", sondern, „Wo sind deine Furchen?", nicht, „Wie schnell wird dieses Kapital sich selbst verdoppeln?", sondern, „Was wird es während seiner Reproduktion leisten?" Welche substanziellen Werte wird es liefern, die dem Leben förderlich sind? Welche Arbeit wird es leisten, die das Leben schützt? Wenn es nichts davon erfüllt, dann ist seine Reproduktion sinnlos – wenn es noch weniger leistet als das – denn Kapital kann Leben genauso gut zerstören wie unterstützen –, dann ist seine eigene

---

[117 Bologneser Tränen [...] sind kleine, metastabile Glastropfen, die durch die Art ihrer Herstellung derart unter Spannung stehen, dass ein solcher Tropfen beim Abbrechen seiner Spitze zu Glasstaub zerspringt. [...] Manche Ärzte und Apotheker gaben Wasser vermischt mit diesem Glasstaub ihren Patienten unter dem Namen Glaswasser als Medizin, was jedoch keinerlei medizinische Wirkung hatte.[lxxxii]]

[118 Auszug aus Vergils *Georgica* (dt. Titel *Landbau*): „*Vere novo, gelidus canis cum montibus umor / liquitur et Zephyro putris se glaeba resoluit, / depresso incipiat iam tum mihi taurus aratro / ingemere et sulco attritus splendescere uomer*"[lxxxiii], lat. = „Früh im Lenz, wenn dem grauen Gebirg' die erfrorene Nässe / Niederschmilzt, und dem Weste die lockere Scholle sich auflöst; / Dann arbeite mir schon / vor dem tief eindringenden Pfluge / Keuchend der Stier, und es blinke die Schar in die Furche gescheuert."[lxxxiv]]

Vermehrung weniger als nutzlos. Es ist bloß eine Vorauszahlung von Tisiphone auf Hypothekenbasis – keinesfalls ein Profit.

74. Kein Profit wie es schon die Alten wahrlich sahen und in der Figur des Ixion[119] zeigten. Denn Kapital ist der Kopf oder die Quelle des Reichtums – die „Einfassung des Wohlstandsbrunnens" so wie die Wolken die Einfassung des Regens sind. Doch wenn die Wolken keinen Regen tragen und wiederum nur Wolken erzeugen, bringen sie zum Schluss Zorn statt Regen hervor und Blitze statt Ernte.[120] Ixion, so heißt es, hat seine Gäste zu einem Bankett eingeladen und sie dann in eine mit Feuer gefüllte Grube fallen lassen. Das ist die Versuchung des Reichtums, die zur Qual des Eingesperrtseins führt – der Qual in einer Grube (wie auch Demas' Silbermine[121]). Danach – um den Wahnsinn des Reichtums zu zeigen, der sich von der Lust am Vergnügen zur Lust an der Macht bewegt und bis jetzt die Macht nicht wirklich verstanden hat – heißt es von Ixion weiter, dass er Juno begehrte, aber stattdessen eine Wolke (oder ein Phantom) umarmte und die Zentauren zeugte. Die Macht des bloßen Reichtums ist für sich allein genommen wie die Umarmung eines Schattens – trostlos (so auch "Ephraim weidet Wind und läuft dem Ostwind nach.",[122] Oder: "[...] und er ist nicht mehr da" – Sprichw. xxiii. 5[123]; und nochmals Dantes Geryon, der Typ des geizigen Betrügers, der im Flug die *Luft* mit einziehbaren Klauen einsammelt - "*l'aer a se raccolse*"*, [124]), aber in seiner Nachkommenschaft vermischt sich

---

[119 Hier ist Ixion, ein König der Lapither, gemeint.]

[120 s. Judas 1, 12]

[121 Demas wird in den Paulinischen Briefen an mehreren Stellen als Mitarbeiter von Paulus angesprochen, der „mich verlassen und diese Welt lieb gewonnen [hat]", (2. Timotheus 4, 10). John Bunyan greift dies auf und Demas wird als Betrüger beschrieben, der Pilger vom Hill Lucre [dem Berg des Luxus] zu sich winkt, um in der angeblichen Silbermine zu arbeiten.[lxxxvi] Allgemein sehen Christen in Demas ein Gleichnis dafür, dass ein Gefolgsmann Christi von den weltlichen Verlockungen eingeholt werden kann.]

[122 Hosea 12, 2]

[123 Sprichwörter 23, 5: „Du richtest deine Augen auf Reichtum und er ist nicht mehr da; denn er macht sich Flügel wie ein Adler und fliegt gen Himmel."]

* So auch in der zuvor zitierten Vision von der Frau, die das *Ephah* [altes hebräisches Trockenmaß] trug: "Der Wind war in ihren Flügeln", keine Flügel "eines Storchs" wie in unserer Version, sondern wie in der *Vulgata*

Brutales mit der menschlichen Natur. Der kluge Mensch nutzt sowohl den Verstand, als auch den Pfeil. Aber als brutaler Körper und Huf reicht es nur zum Zehren und Niedertrampeln. Für diese Sünde wurde Ixion schließlich auf ein glühendes und gezähntes Rad gebunden, das sich fortwährend in der Luft drehte – was wohl der Art von menschlicher Arbeit entspricht, die selbstsüchtig und fruchtlos ist (und was bis weit ins Mittelalter im Rad des Schicksals bewahrt wurde). Dieses Rad hat keinen Atem oder Geist in sich, sondern wird nur vom Zufall herumgewirbelt. Ezekiels Vision war dagegen erfüllt von wahrer Arbeit, so dass der Geist des lebendigen Wesens in den Rädern ist, und wohin die Engel gehen, da gehen auch die Räder hin und bewegen sich nicht woanders hin.[125]

75. Wenn dies die wahre Natur des Kapitals ist, dann folgt daraus, dass es zwei Arten von wahrer Produktion gibt, die immer in einem regsamen Staat stattfinden: es sind die Produktion von Saat und Nahrungsmitteln bzw. die Produktion für den Boden und den Mund. Begehrliche Menschen glauben, dass beide Arten nur für den Speicher gedacht sind, doch die Aufgabe eines Speichers ist nur eine vorübergehende und konservierende, die sich erst durch die Verteilung des Speicherguts erfüllt. Ansonsten führt er zu nichts außer Mehltau und dient der Ernährung von Ratten und

---

die eines "*milvi*", eines Milans oder vielleicht genauer wie noch in der *Septuaginta* eines "Wiedehopfs" [s. Sacharja 5, 9 (Storch, *milvi*, ἔποπος)], ein Vogel, der typischerweise in vielen Traditionen mit der Macht der Reichen in Verbindung gebracht wird und dessen Gesuch um eine Haube aus Gold vielleicht das Interessanteste ist. Die *Vögel* von Aristophanes, worin er eine Hauptrolle spielt, sind voll davon. Nimm besonders die „Befestigung des Himmels mit gebackenen Ziegeln wie in Babylon", I. 550.[lxxxvii] Und vergleiche wieder den Pluto von Dante, der (um den Einfluss von Reichtum auf die Zerstörung der Vernunft zu zeigen) die einzige der Mächte des Infernos ist, der nicht verständlich reden kann und auch der Feigste. Er wird nicht bloß bezwungen oder zurückgehalten, sondern er "kollabiert" auf ein Wort hin. Die plötzliche und hilflose Wirkung kaufmännischer Panik wird voll und ganz in der kurzen Metapher wiedergegeben: „Wie die von einem Wind geschwollenen Segel, / zusammenfallen, wenn der Mastbaum bricht."[lxxxviii]
[124 Vollständig lautet die Stelle aus der *Göttlichen Komödie*: „*e con le branche l'aere a sé raccolse*"[lxxxix], altital. = „und zog die Luft an mit der Pfoten Tanz".[xc]]
[125 s. Ezechiel 1, 20]

Würmern. Und da eine Produktion für den Boden nur mit der Hoffnung auf eine zukünftige Ernte sinnvoll ist, ist jede *essentielle* Produktion für den Mund und wird schließlich vom Mund bemessen. Wie ich oben schon sagte, liegt im Konsum folglich die Krone der Produktion und der Wohlstand einer Nation wird nur daran bemessen, was sie konsumiert.

Die Unfähigkeit, diese Tatsache klar zu sehen, ist der Kapitalfehler, der den Nationalökonomen so reiche falsche Zinsen und falsche Einnahmen bringt. Fortwährend sind sie auf die Vermehrung von Geld ausgerichtet und nicht auf den Gewinn für den Mund. Geblendet vom Münzengeglitzer wie Vögel vom Glas des Vogelfängers verfangen sie sich in jedem Netz und jeder Schlinge. Oder noch besser gesagt – denn sie unterscheiden sich nicht großartig von Vögeln – sie versuchen, wie Kinder auf die Köpfe ihrer eigenen Schatten zu springen. Der Gewinn von Geld ist nur der Schatten des wahren Gewinns, des Gewinns von Menschlichkeit.

76. Das Endziel der Volkswirtschaft liegt folglich darin, sowohl eine gute Qualität von Konsum wie auch eine hohe Quantität an Konsum zu erreichen – mit anderen Worten, alles zu gebrauchen und es nobel zu gebrauchen, egal ob es Güter oder Dienstleistungen sind oder Dienstleistungen, die Güter veredeln. Der seltsamste Fehler in Mr. Mills gesamtem Werk (den er ursprünglich von Ricardo übernommen hat) liegt in seinem Bestreben, zwischen direkter und indirekter Dienstleistung zu unterscheiden und der konsequenten Behauptung, dass eine Nachfrage nach Gütern keine Nachfrage nach Arbeit ist (I. v. 9, et seq.[xci]). Er unterscheidet zwischen Arbeitern, die beschäftigt werden, um Vergnügungsparks anzulegen und Samt anzufertigen und erklärt, dass es einen materiellen Unterschied für die arbeitenden Klassen macht, auf welche dieser beiden Arten ein Kapitalist sein Geld ausgibt. Denn eine Beschäftigung von Gärtnern ist eine Nachfrage nach Arbeit, der Erwerb von Samt aber ist es nicht.* Dies ist

---

* Der Wert des Rohmaterials, der tatsächlich vom Preis für die Arbeit abgeleitet werden muss, wird in der fraglichen Passage nicht in Erwägung gezogen. Mr. Mill hat diesen Fehler nur gemacht, weil er den begleitenden Effekten der Bezahlung von Zwischenhändlern nachging. Er sagt: "Der Konsument bezahlt nicht mit seinen eigenen Fonds den Webern ... ihren Arbeitslohn."[xcii] Entschuldigen Sie: Der Verbraucher des Samts be-

ein ebenso kolossaler wie auch merkwürdiger Irrtum. Für den Arbeiter wird es natürlich einen Unterschied machen, ob wir ihm anbieten, seine Sense im Frühlingswind zu schwingen oder den Webstuhl in verpesteter Luft zu bedienen. Doch soweit sein Geldbeutel betroffen ist, macht es für ihn keinen Unterschied, ob wir von ihm verlangen, grünen Samt mit Samen und Sense zu produzieren oder roten mit Seide und Schere. Und nachdem der Samt hergestellt wurde, betrifft es ihn auch in keiner Weise, ob wir ihn verbrauchen, indem wir darauf herumlaufen oder ihn tragen – solange unser Konsum insgesamt gesehen eigennützig ist. Aber wenn unser Konsum auf irgendeine Weise uneigennützig sein soll, dann interessiert ihn nicht nur wie wir selbst die verlangten Waren verbrauchen, sondern auch die *Art* der Ware, die wir mit Konsumabsicht verlangen. Wenn wir für einen Moment zu Mr. Mills großartiger Eisenwarentheorie zurückkehren,* so hat es nicht mehr Bedeutung für den Arbeiter wie Eisenspäne – insofern sein unmittelbarer Profit betroffen ist –, ob ich ihn beschäftige, um einen Pfirsich zu erzeugen oder eine Bombe zu schmieden. Aber die wahrscheinliche Art meines Verbrauchs dieser Waren ist von großer Bedeutung. Lassen wir gelten, dass es in beiden Fällen „uneigennützig" ist und der Unterschied für ihn am Ende darin besteht, ob ich in seine Hütte gehe und seinem kranken Kind den Pfirsich gebe oder die Bombe in seinen Schornstein werfe und sein Dach davonblase.

---

zahlt den Weber mit seinen Mitteln genauso viel wie er den Gärtner bezahlt. Wahrscheinlich bezahlt er einen dazwischen geschalteten Schiffseigner, Samthändler und Ladenbesitzer. Er bezahlt Frachtgeld, Ladenmiete, Beschädigungsgeld, Stundenlohn und Sorgfaltsgeld. Alle diese Nebenkosten und Aufschläge kommen zum Preis für den Samt hinzu (so wie die Bezahlung des Gärtnermeisters über dem Preis für Gras liegen würde). Doch der Samt wird genauso durch das Kapital des Verbrauchers produziert – obwohl er erst sechs Monate nach der Produktion dafür bezahlt – wie das Gras, obwohl er den Mann, der es gewendet und gemäht hat, nicht am Montag dafür bezahlt, sondern erst am Samstagnachmittag. Ich weiß nicht, ob Mr. Mills Schlussfolgerung „auf das Kapital kann nicht verzichtet werden, auf die Kunden schon" (S. 98)[xciii] schon im großen Maßstab in der Stadt in die Praxis umgesetzt wurde?
* Man beachte, dass sie das genaue Gegenteil von dem ist, was wir untersuchen. Die Eisenwarentheorie verlangt von uns, unsere Gärtner zu entlassen und Fabrikarbeiter einzustellen. Die Samttheorie verlangt dagegen, die Arbeiter zu entlassen und Gärtner zu engagieren.

Das Schlimmste aber ist für den Bauern, dass der Pfirsichkonsum des Kapitalisten dazu neigt, selbstsüchtig zu sein und der der Bombe verteilend.[†] Aber in allen Fällen ist es eine grundlegende und allgemeine Tatsache, dass gemäß katallaktischer Wirtschaftsprinzipien *jemandes* Dach verschwinden muss, um die Bestimmung der Bombe zu erfüllen. Du kannst nach deinem Gutdünken Trauben oder Kartätschen[126] für deinen Nachbarn pflanzen. Katallaktischerweise wird er genauso Trauben oder Kartätschen für dich anpflanzen, und jeder wird ernten, was er gesät hat.[127]

77. Folglich sind es Art und Weise des Konsums, die die Produktion in Wirklichkeit testen. Produktion besteht nicht aus Dingen, die mühsam hergestellt wurden, sondern aus Dingen, die nutzbringend konsumierbar sind. Die Frage an die Nation lautet nicht, wie viel Arbeitsleistung sie erbringt, sondern wie viel dem Leben Nützliches sie produziert. So wie der Konsum das Ende und Ziel der Produktion ist, ist das Leben das Ende und Ziel des Konsums.

[†] Eine entsetzliche Art der Anwendung von Europas Reichtum liegt darin, dass es voll und ganz der Reichtum der Kapitalisten ist, der ungerechte Kriege unterstützt. Gerechte Kriege brauchen nicht so viel Geld zur Unterstützung, denn die meisten, die solche führen, machen das freiwillig. Nur für einen ungerechten Krieg müssen Körper und Seelen gekauft werden und davon abgesehen auch das beste Kriegsgerät. Das macht so einen Krieg aufs Äußerste kostspielig. Nicht zu reden von den Kosten der Grundangst und wütenden Misstrauens zwischen Ländern, die unter all ihren Scharen weder genug Anstand noch Ehre haben, um eine Stunde Seelenfrieden zu kaufen, so wie Frankreich und England, die sich gegenseitig jährlich unglaubliche zehn Millionen Pfund Sterling zahlen (eine bemerkenswert leichte Ernte, halb aus Dornen und halb Espenlaub – gesät, geerntet und gespeichert durch die „Wissenschaft" der heutigen politischen Ökonomen, die Habsucht statt Wahrheit lehren). Und jeder ungerechte Krieg kann nur, wenn nicht durch Plünderung des Feindes, über die Darlehn von Kapitalisten finanziert werden. Diese Darlehn müssen später über die Besteuerung des Volkes zurückgezahlt werden, das anscheinend keinen Einfluss auf die Sache hat. Und der Wille des Kapitalisten ist die einzige Ursache des Krieges. Doch seine wahre Wurzel ist die Habsucht der ganzen Nation, die sie unfähig macht zu Vertrauen, Offenheit und Gerechtigkeit und deshalb, wenn die Zeit reif ist, jedem seinen eigenen Verlust und eigene Bestrafung überbringt.

[126 Schrotladung der Artillerie]

[127 s. Galater 6, 7]

Vor zwei Monaten (§§ 40-41) überließ ich es dem Leser, diese Frage besser für sich selbst zu beantworten, als es ihm in aller Schärfe deutlich zu machen. Aber nun, da der Boden ausreichend bereitet ist (und die Details, zu denen mehrere der hier angesprochenen Fragen uns führen mussten, zu komplex sind, um sie in einer Zeitschrift zu diskutieren, und ich sie anderswo weiterverfolgen muss), möchte ich zum Abschluss dieser Serie einleitender Aufsätze diese eine große Tatsache deutlich genannt haben: ES GIBT KEINEN REICHTUM AUßER DEM LEBEN, das Leben inklusive aller seiner Kräfte der Liebe, Freude und Bewunderung.[128] Jenes Land ist das wohlhabendste, welches die größte Anzahl edler und glücklicher Menschen ernährt. Jener Mensch ist der reichste, der, nachdem er die Möglichkeiten seines eigenen Lebens aufs Höchste perfektioniert hat, auch den größten hilfreichen Einfluss auf das Leben anderer hat, sowohl persönlich als auch mit Hilfe seiner Besitztümer.

Eine merkwürdige Volkswirtschaft ist das – nichtsdestotrotz die einzige, die je war oder sein kann. Denn jede Politische Ökonomie, die auf Eigennutz basiert,* ist nichts anderes als die Erfüllung dessen, was einst zum Schisma[129] in der Politik der Engel führte und die Ökonomie des Himmels ruinierte.[130]

78. "Die größte Anzahl edler und glücklicher Menschen." Aber stimmt dieser Edelmut mit der Anzahl überein? Ja. Er ist nicht nur deckungsgleich damit, sondern dafür essentiell. Ein Maximum an Lebendigkeit kann nur durch ein Maximum an Tugend erreicht werden. In dieser Beziehung unterscheiden sich die Regeln menschlicher Populationen völlig von denen tierischen Lebens. Die Vermehrung von Tieren wird nur über das Angebot an Futter kontrolliert und durch ihre natürlichen Feinde. Die Mückenpopulation wird beschränkt durch den Hunger der Schwalbe und die der

---

[[128] "We live by admiration, hope, and love; / And even as these are well and wisely fixed, / In dignity of being we ascend"xciv, engl. = "Wir leben von Bewunderung, Hoffnung und von Liebe. / Doch obwohl diese gut und weise bestimmt sind, / wachsen wir nur durch die Würde unseres Wesens."]

* "Bei jedem Raisonnement über Preise gilt der Vorbehalt: vorausgesetzt daß [sic!] alle Parteien ihr eignes Interesse gehörig wahrnehmen", Mill, III. i. 5.[xcv]

[129] (Kirchen-)Trennung, (Kirchen)-Spaltung

[[130] 2. Petrus 2, 3-4]

Schwalbe durch die Menge an Mücken. Der Mensch als Tier betrachtet wird tatsächlich von denselben Regeln kontrolliert. Hunger, Seuchen oder Krieg sind die notwendigen und einzigen Beschränkungen für seine Ausbreitung – bzw. waren bisher effektive Beschränkungen. Denn sein Hauptanliegen bestand bisher darin, wie man sich am schnellsten selbst zerstört, sein Zuhause verwüstet und seine besten Fähigkeiten darauf verwendet, dem Hunger Raum, der Seuche Nahrung und dem Schwert Macht zu geben. Doch nicht als Tier betrachtet, wird seine Ausbreitung nicht von diesen Gesetzen bestimmt. Sie wird nur begrenzt von seiner Courage und seiner Liebe. Beide *haben* ihre Grenzen und sollten sie haben. Der Mensch als Art hat seine Grenzen ebenso. Aber diese wurden bis jetzt noch nicht erreicht, noch werden sie auf Jahre hinaus erreicht werden.

79. Von allen menschlichen Überlegungen kenne ich keine so trübsinnigen wie die Spekulationen der Nationalökonomen über die Bevölkerungsfrage. Es wird vorgeschlagen, die Bedingungen des Arbeiters zu verbessern, indem man ihm höheren Lohn gibt. „Nein", sagt der Ökonom, „wenn ihr seinen Lohn erhöht, wird er die Leute entweder ins gleiche Elend ziehen, in dem man ihn vorgefunden hat, oder er wird seinen Lohn vertrinken." Das wird er. Ich weiß es. Doch wer gab ihm diesen Willen? Angenommen du sprichst von deinem eigenen Sohn, und er erklärt mir, dass du nicht gewagt hast, ihn in deiner Firma zu beschäftigen, noch ihm seinen gerechten Lohn als Arbeiter zu zahlen, weil er ansonsten an Trunkenheit sterben und der Gemeinde eine halbe Stiege[131] voller Kinder hinterlassen wird. Von wem hat dein Sohn diese Gesinnung? – Dem sollte ich nachgehen. Hat er sie ererbt oder durch Erziehung erlangt? Vom einen oder anderen *muss* sie kommen, und so wie bei ihm auch bei den Armen. Entweder unterscheiden sich diese Armen wesentlich von uns und sind unverbesserlich (was, obwohl oft angedeutet, ich von niemandem offen gehört habe) oder wir können sie durch die Fürsorge, die wir selbst erfahren haben, enthaltsam und nüchtern machen wie uns selbst – klug und leidenschaftslos wie wir – zu schwer kopierbaren Modellen. „Aber", wird darauf geantwortet, "sie sind für Ausbildung nicht empfänglich." Warum nicht? Das genau ist der strittige Punkt. Hilfsbedürftige gehen davon aus, dass es der

---

[131 1 Stiege = 20 Stck.]

schlimmste Fehler der Reichen ist, ihnen das Fleisch vorzuenthalten. Und sie rufen wegen ihres Fleisches, zurückgehalten von Betrug, nach dem Herrn der Heerscharen.* Gott sei's geklagt! Es ist nicht das Fleisch, dessen Verweigerung am schlimmsten oder auf das der Anspruch am begründetsten ist. Das Leben ist mehr als Fleisch.[132] Die Reichen verweigern den Armen nicht nur das Essen, sie verweigern Weisheit, sie verweigern Tugend, und sie verweigern das Seelenheil. Ihr Schafe ohne Hirte[133], es ist nicht die Weide, die euch verweigert wurde, sondern die Gegenwart. Fleisch! – Vielleicht ist ein Recht darauf vertretbar, aber andere

---

* Jakobus 5, 4. Man beachte, dass ich in diesen Behauptungen, an die ich anknüpfe, nicht auch nur im Mindesten die allgemeine sozialistische Idee der Aufteilung von Eigentum gut heiße. Die Verteilung von Eigentum bedeutet seine Zerstörung und damit die Zerstörung jeder Hoffnung, jeder Industrie und jeder Gerechtigkeit. Es ist das reine Chaos. Ein Chaos, zu dem die Anhänger der heutigen Nationalökonomie sehr schnell neigen und vor dem ich sie, versuche zu bewahren. Der Reiche enthält den Armen kein Fleisch vor, indem er seine Reichtümer zurückhält, sondern indem er letztere in niederträchtiger Weise benutzt. Reichtümer sind eine Form von Stärke und ein starker Mann verletzt andere nicht, indem er seine Stärke bewahrt, sondern indem er sie in schädlicher Weise benutzt. Der Sozialist, der einen starken Mann einen schwachen unterdrücken sieht, schreit auf: "Brecht die Arme des Starken", aber ich sage, "Lehre ihn, sie für einen besseren Zweck zu nutzen." Die Kraft und Intelligenz, die Reichtümer schaffen, sind vom Spender beider dazu bestimmt, nicht vergeudet oder weggegeben zu werden, sondern sie im Dienst der Menschheit einzusetzen, mit anderen Worten zur Erlösung der Sünder und zur Unterstützung der Schwachen. D. h. zunächst wird gearbeitet, um Geld zu verdienen und dann gibt es den Sabbat, es zu gebrauchen – den Sabbat, dessen Gesetz es ist, nicht das Leben zu verlieren, sondern es zu retten [s. Lukas 13, 14ff]. Es ist genauso der immer während Fehler oder die Torheit der Armen, dass sie arm sind, wie es normalerweise der Fehler eines Kindes ist, in einen Teich zu fallen und die Schwäche eines Krüppels, der an einer Kreuzung ausrutscht. Nichtsdestotrotz würden die meisten Vorübergehenden das Kind herausziehen oder dem Krüppel helfen. Wenn im schlimmsten Fall alle Armen der Welt nichts anderes sind als ungehorsame Kinder oder sorglose Krüppel und alle Reichen klug und stark, dann wird man auf einmal sehen, dass weder der Sozialist recht hat mit dem Wunsch, jeden arm zu machen, machtlos und dumm wie ihn selbst, noch der Reiche, der die Kinder im Morast zurücklässt.
[132] s. Matthäus 6, 25]
[133] s. Numeri 27, 17, Matthäus 9, 36]

Rechte müssen zuerst geltend gemacht werden. Beansprucht eure Krümel vom Tisch, wenn ihr wollt, aber tut es als Kinder, nicht als Hunde[134], beansprucht euer Recht, ernährt zu werden, aber beansprucht lauter eueren Recht, heilig, perfekt und rein zu sein.

Merkwürdige Worte gebraucht im Zusammenhang mit arbeitendem Volk! "Was? Heilig? Ohne lange Roben oder Salbungsöle? Diese grob bedeckten, rausprachigen Leute, nur gut für namenlosen und unwürdigen Dienst? Perfekt? – Leute mit trüben Augen, krummen Gliedern und trägem Verstand? Rein? – Leute, mit sinnlichen Wünschen und kriecherischen Gedanken, mit stinkendem Körper und groben Seelen?" Das kann so sein. Trotzdem sind sie, so wie sie sind, die heiligsten, perfektesten und reinsten Menschen, die die Erde z. Z. vorweisen kann. Vielleicht sind sie das, was ihr gesagt habt, aber wenn dem so ist, dann sind sie heiliger als wir, die wir sie in diesem Zustand belassen haben.

Aber was kann für sie getan werden? Wer kann diese Massen kleiden, wer unterrichten, wer sie in Schranken halten? Welches andere Ende kann es schließlich für sie geben, als sich gegenseitig zu konsumieren?

Ich hoffe auf ein anderes Ende. Obwohl dieses andere Ende tatsächlich nicht von einem der drei Heilmittel gegen Überbevölkerung bestimmt wird, die von Ökonomen gewöhnlich vorgeschlagen werden.

80. Diese drei sind, kurz gesagt – Kolonialisierung, die Nutzbarmachung von Ödland oder die Demotivierung von Heirat.

Die beiden ersten dieser Notlösungen weichen lediglich aus oder verzögern die Lösung des Problems. Tatsächlich wird es eintreten lange bevor die Welt kolonialisiert und alle Wüsten völlig kultiviert worden sind. Doch die radikale Frage lautet nicht, wie viel bewohnbares Land es in der Welt gibt, sondern wie viele Menschen auf einem gegebenen Raum bewohnbaren Landes leben sollten?

Beachten Sie, ich sage *sollten*, nicht wie viele *können*. Ricardo definiert in seiner üblichen Ungenauigkeit das, was er "natürli-

---

[134] s. Matthäus 15, 27]

chen Lohnsatz" nennt als "den, der den Arbeiter versorgt".[135] Versorgt ihn! Ja. Aber wie? – Diese Frage wurde mir sofort von einem arbeitenden Mädchen gestellt, der ich die Passage vorlas. Ich werde die Frage für euch deutlicher formulieren. „Versorgt ihn – wie?" Zunächst einmal bis zu welchem Alter? Aus einer gegebenen Anzahl an versorgten Personen sollten wie viele alt sein und wie viele jung? D. h. es ergibt sich die Frage, ob ihr ihre Versorgung so gestalten werdet, dass sie früh sterben – sagen wir im Durchschnitt mit 30 oder 35 – inklusive der aufgrund schlechter oder falscher Ernährung verstorbenen Kinder? Oder gestaltet ihr sie so, dass sie ein natürliches Leben führen können? Im ersten Fall* könnt ihr eine größere Anzahl aufgrund der großen Nachkommenschaft ernähren und im zweiten wahrscheinlich eine glücklichere Anzahl. Was hält Mr. Ricardo nun für ihren natürlichen Zustand, und zu welchem Zustand gehört der natürliche Lohnsatz?

Noch einmal: Ein Stück Land, das nur zehn untätige, ignorante und unbedachte Leute versorgen kann, wird 30 oder 40 kluge und fleißige versorgen. Was von beiden ist ihr natürlicher Zustand, und wem gehört der natürliche Lohnsatz?

Nochmals: Wenn ein Stück Land 40 fleißige, aber unerfahrene Menschen versorgt, die, wenn sie genug haben von ihrer Unkenntnis, zehn von ihnen bestimmen, die Eigenschaften von Kegeln und die Größe der Sterne zu studieren. Dann muss die Arbeit dieser zehn, die vom Land abgezogen wurden, entweder auf längere Sicht zu einer Zunahme des Nahrungsangebotes führen oder die für siderische[136] und konische Zwecke abgestellten Per-

---

[135 Bei Ricardo heißt es: „Der natürliche Preis der Arbeit ist jener, der notwendig ist, um den Arbeitern, einen wie den anderen, zu ermöglichen, sich zu erhalten und die Existenz ihres Standes [...] ohne Vermehrung oder Verminderung weiterzuführen. Die Fähigkeit des Arbeiters, sich und seine Familie, die zur Aufrechterhaltung der Arbeiterzahl notwendig ist, zu erhalten, hängt nicht von der Summe Geldes ab, die er als Lohn erhält, sondern von der Menge Nahrungsmittel, lebenswichtiger Güter und Annehmlichkeiten, die auf Grund der Gewohnheit für ihn lebensnotwendig geworden sind und die er mit diesem Gelde kaufen kann."[xcvi]]

* Die Menge an Leben ist in beiden Fällen dieselbe, aber sie wird unterschiedlich verteilt.

[136 von lat. *sidus* = „Stern" oder „Gestirn", siderisch = „sternkundlich, astronomisch"]

sonen müssen hungern oder jemand anders an ihrer statt. Wie hoch ist folglich der natürliche Lohnsatz der Wissenschaftler und wie bezieht sich dieser Satz auf oder misst ihre rückwirkende oder vorübergehende Produktivität?

Nochmals: Wenn der Boden am Anfang 40 Arbeiter mit einer friedlichen und frommen Gemütsverfassung versorgt, sie aber nach ein paar Jahren so streitsüchtig und gottlos werden, dass sie fünf von ihnen dazu bestimmen müssen, über ihre Streitereien nachzusinnen und sie zu schlichten, zehn bis an die Zähne mit kostspieliger Ausstattung bewaffnete dazu, die Entscheidungen umzusetzen und fünf, um jeden auf beredte Weise an die Existenz Gottes zu erinnern? – Welche Auswirkungen wird dies auf die allgemeine Produktionsleistung haben, und wo liegt der "natürliche Lohnsatz" der nachsinnenden, muskelbepackten und prophetischen Arbeiter?

81. Diese Fragen überlasse ich nach Belieben der Diskussion bzw. der Nichtbeachtung den Anhängern von Mr. Ricardo und fahre fort, die Hauptpunkte festzulegen, die sich auf die wahrscheinliche Zukunft der Arbeiterklassen bezieht, die von Mr. Mill z. T. erblickt wurde. Dieses Kapitel und das vorhergehende unterscheiden sich von den gewöhnlichen nationalökonomischen Schriften darin, dass sie dem Aspekt der Natur einigen Wert zugestehen und Reue über die wahrscheinliche Zerstörung natürlicher Landschaft ausdrücken.

Aber wir können uns unsere Ängste unter dieser Überschrift sparen. Menschen können weder Dampf trinken noch Steine essen. Das Bevölkerungsmaximum auf einem gegebenen Stück Land bezieht auch das relative Maximum essbarer Pflanzen, ob für Mensch oder Vieh mit ein. Es beinhaltet ein Maximum an reiner Luft und reinem Wasser und folglich ein Maximum an Wald, um die Luft zu reinigen, und abschüssigen Hängen, die, vor der extremen Sonnenhitze durch Bewuchs geschützt, die Flüsse speisen. Wenn es möchte, kann ganz England zu einer Fabrikstadt werden, und die Engländer können sich selbst dem Wohl der gesamten Menschheit opfern und ein beschränktes Leben in Lärm, Dunkelheit und tödlichen Ausdünstungen führen. Aber die Welt kann weder zu einer Fabrik noch zu einer Mine werden. Noch soviel Einfallsreichtum wird jemals Eisen für die Millionen verdaulich machen oder Wasserstoff zu einem Ersatz für Wein.

Weder Habgier noch Zorn werden die Menschen jemals ernähren. Und wie auch immer der Apfel von Sodom[137] und die Traube von Gomorrah[138] ihren Tisch für einige Zeit mit Delikatessen aus Asche und Nektar von Nattern decken werden – solange wie Menschen von Brot leben müssen, werden die weit entlegenen Täler lachen, weil sie mit dem Gold Gottes bedeckt sind und die Rufe Seiner glücklichen Heerscharen erklingen rund um die Weinpresse und den Brunnen.

82. Auch brauchen unsere eher sentimentalen Ökonomen nicht die zu große Verbreitung der Formalitäten einer mechanisierten Landwirtschaft fürchten. Die Anwesenheit einer klugen Bevölkerung beinhaltet sowohl die Suche nach Glückseligkeit, als auch die nach Nahrung. Noch kann eine Bevölkerung ihr Maximum nur durch die Weisheit erreichen, die in den bewohnbaren Teilen der Erde "frohlockt".[139] Auch die Wüste hat den ihr bestimmten Platz und ihre Aufgabe. Die ewige Maschine, deren Welle die Erdachse ist, deren Rhythmus das Jahr und deren Atem der Ozean, wird sich weiter gebieterisch in ihre Wüsten-Königreiche teilen, die von nicht kultivierbarem Gestein begrenzt und von losem Sand durchfegt werden, mit ihren Mächten aus Frost und Feuer. Aber in den dazwischenliegenden bewohnbaren Zonen und Ländern wird es sich am angenehmsten leben lassen. Der Wunsch des Herzens spiegelt sich auch in den Augen wider.[140] Keine Landschaft wird je so dauerhaft und ohne müde zu werden geliebt, wie der Reichtum entstanden aus freudiger menschlicher Arbeit – die gleichmäßigen Felder, heiteren Gärten und reichen Obstgärten, das or-

---

[137] *„The ‚Apple of Sodom' which turns into dust in a man's hand"*, engl. = "Der 'Apfel von Sodom', der in der Hand zu Staub zerfällt."[xcvii] Wie man erzählt, wurde es [Sodom] zur Strafe für die Gottlosigkeit seiner Bewohner durch Blitzschläge verbrannt, und man kann jetzt noch die Brandmäler dieses göttlichen Feuers, und zwar die dunklen Umrisse von fünf Städten dort erblicken, ja auch noch die Asche, die sich im Innern der Früchte fort und fort entwickelt. Diese Früchte schauen ganz wie essbar aus, reißt man sie aber ab, so gehen sie einem unter den Händen in Rauch und Aschenstaub auf.[xcviii] Botanisch gesehen existieren zwei Pflanzenarten, die den Namen "Apfel von Sodom" tragen, aber nur *Calotropis procera* (Aiton) W. T. Aiton kommt von ihrer Verbreitung her in Frage.[xcix]]
[138] 5. Moses 32, 32]
[139] s. Sprichwörter 8, 31]
[140] s. Sprichwörter 15, 30]

dentliche, geliebte und oft besuchte Heim, in dem die Stimmen des Lebens erklingen. Keine Luft schmeckt süß, die sich nicht bewegt und nicht mit leisen Klängen tiefer Töne erfüllt ist, mit Vogeldrillingen und dem Summen und Zirpen der Insekten, den tiefen Stimmen der Männer und den eigensinnigen Höhen der Kindheit. Wenn die Kunst zu Leben gelernt wird, wird man feststellen, dass alle schönen Dinge auch notwendige sind, die wilde Blume am Wegrand genauso wie das angebaute Getreide, die wilden Vögel und Tiere des Waldes genauso wie das Vieh im Stall. „Denn der Mensch lebt nicht nur vom Brot", sondern auch vom Manna der Wüste und jedem wunderbaren und unergründlichen Werk Gottes.[141] Im Glück erkannte er sie darin genau so wenig wie seine Väter. Auch sah er nicht, dass um ihn herum das Staunen über seine Existenz noch bis ins Unendliche reicht.

83. Schließlich bleibt festzustellen, dass jeder wirkliche Fortschritt in Richtung wahrer Glückseligkeit der Menschheit durch individuelle Anstrengung erreicht werden muss, nicht durch öffentliche. Bestimmte allgemeine Maßnahmen können helfen, verbesserte Gesetze solch einen Fortschritt leiten. Aber die Maßnahmen und das Gesetz, die zuerst festgelegt werden müssen, sind die des Heims eines jeden Menschen. Ständig hören wir, wie kluge Leute ihren sich beschwerenden Nachbarn empfehlen (die gewöhnlich schlechter gestellt sind als sie selbst), dass sie „zufrieden mit der Lage sein sollten, für die sie das Schicksal vorgesehen hat". Vielleicht gibt es einige Umstände, in denen die Vorsehung nicht möchte, dass die Menschen zufrieden sein *sollten*. Nichtsdestotrotz ist dieser Grundsatz im Ganzen ein guter, für den Hausgebrauch jedoch absonderlich. Ob dein Nachbar zufrieden mit *seiner* Lage sein sollte oder nicht, dass geht dich nichts an. Aber es geht dich sehr wohl etwas an, mit deiner eigenen zufrieden zu sein. Was heute in England am meisten benötigt wird, ist, zu zeigen, welches Maß an Vergnügen durch eine beständige, gut gehandhabte Fertigkeit, die schlicht ist, von Herzen kommt und durch harte Arbeit erreicht werden kann. Wir brauchen Menschen, die es dem Himmel überlassen, ob sie es in der Welt zu etwas bringen und für sich selbst entscheiden, dass sie damit glücklich sein werden – die sich entschlossen haben, keinen größeren Reichtum, sondern einfacheres Vergnügen, kein größeres

---

Vermögen, sondern tiefere Glückseligkeit zu suchen und dass, indem sie das erste aller Besitztümer erwerben, den Selbst-Besitz – und sich selbst mit harmlosem Stolz und ruhigem Streben nach Frieden ehren.

Von diesem bescheidenen Frieden heißt es, dass "Gerechtigkeit und Frieden einander geküsst haben" und „Die Frucht der Gerechtigkeit aber wird gesät in Frieden für die, die Frieden stiften."[142] Nicht "Friedensstifter"[143] im gewöhnlichen Sinn – Schlichter von Auseinandersetzungen (obwohl diese Funktion auch der größeren folgt), sondern Friedens*schöpfer* und *Spender* der Ruhe, die man nicht geben kann, bevor man sie zuerst erreicht hat. Dies ist auch nicht das Ziel, das jemand mit Sicherheit im Verlauf eines gewöhnlich so genannten Geschäftes verfolgen wird. Keine Form des Gewinnmachens ist weniger wahrscheinlich (wie es in der Sprache aller Nation gezeigt wird – $\varpi\omega\lambda\varepsilon\tilde{\imath}\nu$ von $\varpi\acute{\varepsilon}\lambda\omega$[144], $\varpi\rho\tilde{\alpha}\sigma\iota\varsigma$ von $\varpi\varepsilon\rho\acute{\alpha}\omega$[145], *venire, vendre* und *venal* von *venio*[146] usw.), da das Geschäftsleben, von Grund auf ruhelos – und wahrscheinlich streitsüchtig –, ein rabenhaftes wankelndes Gemüt hat, sowohl was Bewegung, als auch Aas angeht. Wohingegen olivenfressende und -tragende Vögel nach einem Rastplatz für ihre Füße suchen.[147] So heißt es auch von der Weisheit, dass sie „ihr Haus gebaut hat und ihre sieben Säulen herausgeschlagen hat"[148], und – obwohl sie dazu neigt, lange an den Türpfosten zu

---

[142 Jakobus 3, 18]

[143 s. Matthäus 5, 9]

[144$\varpi\omega\lambda\varepsilon\tilde{\imath}\nu$, gr. = wechseln, tauschen, verkaufen, betrügen; $\varpi\acute{\varepsilon}\lambda\omega$, gr. = ich bewege mich, ich komme, ich werde.]

[145$\varpi\rho\tilde{\alpha}\sigma\iota\varsigma$, gr. = Verkauf; $\varpi\varepsilon\rho\acute{\alpha}\omega$, gr. = ich durchlaufe, durchdringe, durchquere; aber auch: Verkauf, verkaufen.]

[146 *venire*, lat. = kommen; *vendre*, fr. = verkaufen, verraten und *venal*, engl. = käuflich, korrupt; *venio*, lat. = ich komme. Ruskin möchte hier mit dem Verweis auf *venire* vielleicht den Bewegungsaspekt im Geschäftsleben hervorheben. Das Wort für „verkaufen" im Lateinischen lautet *vendere*, die 1. Pers. Sing. dann *vendo* = ich verkaufe. Natürlich könnte man es auch in diese Wortgruppe aufnehmen.]

[147 Ruskin bezieht sich auf die Geschichte vom Ende der Sintflut als Noah zuerst den ruhelosen Raben ausschickte und dann die zunächst wiederkehrende Taube (s. 1. Moses 8, 7–9).]

[148 s. Sprichwörter 9, 1]

warten, wenn sie ihr Haus verlassen und in die Fremde gehen muss – ihre Pfade sind auch die des Friedens.[149]

84. Für uns muss bei allen Ereignissen ihre Arbeit an der Türschwelle beginnen. Jede wahre Ökonomie ist eine „Hausordnung". Bemüht euch, dieses Gesetz streng zu machen, einfach und großzügig. Verschwendet nichts und missgönnt nichts. Kümmert euch nicht darum, mehr aus dem Geld zu machen, sondern sorgt euch darum, viel davon zu machen. Und erinnert euch dabei immer an die große, greifbare und unvermeidliche Tatsache – das Gesetz und die Wurzel aller Ökonomie –, dass das, was jemand hat, jemand anderes nicht haben kann. Jedes Atom einer Ware welcher Art auch immer, gebraucht oder verbraucht, ist so viel verausgabtes menschliches Leben, dass es – wenn zur Bewahrung gegenwärtigen Lebens ausgegeben oder mehr davon zu gewinnen – gut ausgegeben ist. Doch wenn nicht, dann ist entweder so viel Leben verhindert worden oder vernichtet. Bei jedem Kauf überlege zuerst, welche Existenzbedingungen du bei den Produzenten der Dinge erschaffst, die du kaufst. Zweitens überlege, ob die Summe, die du bezahlt hast, dem Produzenten gegenüber gerecht ist und ihm im angemessenen Verhältnis übergeben wird.* Drittens überlege, wie sehr das, was du gekauft hast, als Nahrung, Wissen oder zum Freudebereiten verwendet werden kann. Und viertens, an wen und auf welche Weise kann es am schnellsten und auf die nutzbringendste Weise vertrieben werden? Bei allen Geschäften bestehe immer auf völlige Offenheit und strenge Erfüllung und bei allen Dingen auf perfekte und liebevolle Ausführung, besonders was die Feinheit und Reinheit aller marktfähigen Waren betrifft. Zur selben Zeit halten wir nach allen Möglichkeiten Ausschau, uns an einfachen Dingen

---

[149] s. Sprichwörter 3, 17]
* Die geeigneten Büros von Mittelsmännern, nämlich Aufsehern (oder befugten Arbeitern), Spediteuren, (Kaufleuten, Seeleuten, Einzelhändlern usw.) und die Auftragsannahme (Beschäftigte, die Anweisungen vom Kunden entgegennehmen) müssen natürlich untersucht werden, bevor ich weiter der Frage gerechter Bezahlung des ersten Produzenten nachgehen kann. Aber ich habe in diesen einleitenden Aufsätzen nicht von ihnen gesprochen, da die mit dem Missbrauch solcher zwischengeschalteter Funktion einhergehenden Übel nicht aus einem mutmaßlichen Prinzip der heutigen Nationalökonomie resultieren, sondern aus privater Sorglosigkeit bzw. Ungerechtigkeit.

zu erfreuen, sie zu lehren und zu zeigen „ὅσον ἐν ἀσφοδέλῳ γέγ᾽ ὄνειαρ"[150] Die Größe des Vergnügens hängt nicht von der Menge der gekosteten Dinge ab, sondern von Lebendigkeit und Dauer des Geschmacks.

85. Und wenn es nach angemessenem und ehrlichem Nachdenken über diese Dinge vielleicht so scheint, dass die Art von Existenz, zu der die Menschen nun durch allen Appell an Mitgefühl und Inanspruchnahme von Recht aufgefordert werden zu leben, wenigstens eine Zeit lang keine luxuriöse ist? Würde Luxus, auch unter der Annahme, dass dies schuldlos passiert, von uns allen begehrt werden, wenn wir rechts und links deutlich das Leid sähen, das ihn in der Welt begleitet? Luxus ist in der Zukunft tatsächlich möglich – unschuldig und exquisit, Luxus für alle und mit der Hilfe von allen. Aber heute kann Luxus nur von Ignoranten genossen werden. Der grausamste lebende Mensch kann nicht an seinem Festmahl sitzen, wenn er nicht blind wäre. Lüftet kühn den Schleier und seht das Licht. Und wenn, wie jetzt, das Licht des Auges nur durch Tränen scheinen kann und das Licht des Körpers nur durch Sackleinen, dann fahrt fort, zu weinen und kostbare Samen in euch zu tragen, bis die Zeit und das Königreich kommt, wenn Christi Geschenk des Brotes und das Vermächtnis des Friedens „diesem Letzten wie dir"[151] gegeben wird, und wenn es auf der Erde für die geteilten Massen der Niederträchtigen und Mühseligen heiligere Versöhnungen gibt, als die von engen Häusern und besonnener Ökonomie, wo die Gottlosen aussterben – nicht weil sie anderen Probleme bereiten, sondern am Ärger über sich selbst – und die Müden sich ausruhen.[152]

---

[150] Das Zitat stammt aus Hesiods Ἔργα καὶ ἡμέραι (dt. Ausgabe: *Werke und Tage)* und lautet vollständig: „ὅσον ἐν μαλάχῃ τε καὶ ἀσφοδέλῳ μέγ᾽ ὄνειαρ", altgr. = „wie viel Segen bringen Affodill und Malve." Ruskin verzichtet im obigen Text wohl auf die Malve.ᶜ]
[151] s. Matthäus 20, 14]
[152] s. Hiob 3, 17]

Nachwort und Ausblick

Nach der Lektüre von Ruskins Werk gibt es sicherlich sehr viele Punkte, an denen man ansetzen könnte, um seinen Sinn, Wahrheitsgehalt oder ihre Brauchbarkeit aus unserer heutigen Sichtweise zu hinterfragen. Es ist auch eine Absicht der Neuübersetzung, eine solche Diskussion anzuregen, doch soll aus praktischen Gründen nur ein Punkt herausgegriffen werden, der aus der Perspektive des Übersetzers besonders wichtig erscheint.

Wie unschwer festzustellen ist, basieren wesentliche Aspekte von Ruskins Argumentationen auf den ideellen Werten eines wahren Christentums. Man kann sicher mit Recht behaupten, dass der christliche Glaube einen wesentlichen Aspekt seiner Persönlichkeit ausmachte, und es ist offensichtlich, dass er im Fall von *Diesem Letzten* speziell ökonomisches Handeln in den Rahmen einer höheren spirituellen Ordnung stellte. Neben dem geschriebenen Wort der Bibel hat Ruskin auch der Geistlichkeit – sofern sie eine wahre ist – offensichtlich großen Respekt entgegengebracht.

Dass ökonomisches Handeln einer höheren Ordnung folgen sollte, soll hier nicht in Frage gestellt, sondern diese Vorgabe, wie aus dem weiteren Verlauf ersichtlich sein wird, im Gegenteil unterstützt und verstärkt werden. Doch so wie Ruskin die Ideale einer wahren Volkswirtschaft auf den Prüfstand stellt und sie an einer wahren Spiritualität ausrichtet, müsste konsequenterweise auch die Frage nach der Natur und Integrität dieser Spiritualität und Geistlichkeit gestellt werden.

Nur beispielhaft sei hier die offensichtliche und selbstverständliche Identifikation von organisierten Kirchen mit der religiösen Lehre und Praxis als Grund genannt, die bei genauerer Betrachtung historisch nicht gerechtfertigt ist. Ist im Christentum z. B. aus Jesus' Worten „Du bist Petrus, und auf diesen Felsen will ich meine Gemeinde bauen [...]"[153] zu schließen, dass damit eine organisierte Kirche gemeint ist, die auch noch mit Hilfe eines weltlichen Staates regelmäßige Kirchensteuern erhebt? Weiter wäre z.

---

[153] s. Matthäus 16, 18. Weitere Bibelstellen aus denen die organisierte Kirche fragwürdigerweise ihre Legitimation ableitet: Matthäus 18,18; 28,16-20; Lukas 22,17-20; Johannes 20, 23ff).

B. dringend die Autorität eines so genannten Evangelisten wie Paulus zu überprüfen, der Christus nie persönlich getroffen hat, auf dessen Vorgaben sich aber wesentliche Strukturen der organisierten christlichen Kirchen gründen. Seine geringe Wertschätzung der Frauen ist offensichtlich, und seine berühmte Wandlung vom Saulus basiert nur auf einer angeblichen Erscheinung, die aber auch nichts anderes als die Auswirkung eines seiner epileptischen Anfälle gewesen sein könnte. Auch schwerwiegende Übersetzungsfehler der Bibel, in der z. B. die hebräischen und aramäischen Worte für frisch gepressten Traubensaft mit den heutigen für vergorenen Wein gleich gesetzt werden, gehören zu zwar bekannten Ungereimtheiten, die aber von vielen nur zu gerne ignoriert werden.

Obwohl Ruskin wohl die Autorität der Kirche oder der Bibel nicht in Frage gestellt hat, so beruht wie bereits gesagt sein Respekt gegenüber einer Geistlichkeit jedoch auf der Vorstellung von einer „wahren" Geistlichkeit (S. 47). Ohne diese zunächst genauer zu definieren, kann man aufgrund einer Vielzahl von historischen und aktuellen Ereignissen und des weiter unten vorgestellten spirituellen Wissens jedoch behaupten, dass Vertretern und Anhängern von Religionen und Geistlichkeiten religions- und konfessionsübergreifend mit großer Sicherheit wesentliche Inhalte des Glaubens abhanden gekommen sein müssen und ritualistisch nur vertrocknete Blätter an verdorrten Bäumen gehegt werden.

Klar herausgestrichen werden soll aber, dass damit keinesfalls die Autorität von Religionsgründern wie Buddha, Moses, Christus, Mohammed, Rama usw. angezweifelt wird – ebenso wenig wie die Existenz Gottes an sich. Auch sollen die wahren Essenzen der Religionen nicht in Frage gestellt werden. Doch es bedarf einer Bereinigung und einer Aktualisierung eben dieser Essenzen in den überlieferten Lehren und Schriften, denn Überlieferungen stellen mehr oder weniger menschengemachte Interpretationen der ursprünglichen Lehren dar, die – ausnahmslos – nicht von den Inkarnationen selbst, sondern von ihren Anhängern verfasst wurden.

Ruskin ging davon aus, dass sowohl die Ursachen für wirtschaftliche, soziale als auch für Umweltprobleme offensichtlich in der Natur des Menschen begründet liegen. Wir stellten gerade fest, dass es Gründe gibt, warum auch der von ihm an die Natur des Menschen angelegte Maßstab in Form heiliger Schriften selbst einer genaueren Betrachtung unterzogen werden sollte. Erkennt man dies an, so ergeben sich sehr schnell wiederum eine große Anzahl weiterer Unsicherheiten und Fragen, und eine sehr grundlegende davon sollte sicherlich sein, was denn nun eigentlich genau diese „Natur des Menschen" ist, auf die nun wiederholt verwiesen wurde?

Die wichtigste spirituelle Persönlichkeit, die aktuell auf der Erde gelebt hat, Shri Mataji Nirmala Devi, beschreibt wichtige zentrale Aspekte des Dilemmas, das aus den o. g. und vielen anderen Unsicherheiten des heutigen modernen Lebens entsteht, in einer Rede anlässlich eines öffentlichen Programms, das 1982 in Birmingham stattfand. Viele der in Ruskins Werk selbst und hier im Nachwort angesprochenen Punkte wurden in dieser Rede ebenfalls thematisiert. Deshalb soll hier ein kurzer Ausschnitt daraus ungekürzt wiedergegeben werden:

Man muss verstehen, dass die modernen Zeiten, Zeiten der Verwirrung sind. Ihr wisst nicht, was ihr wollt, was ihr fragen wollt und ob das, was ihr tut, richtig ist oder falsch. Doch diese Verwirrung ist notwendig, denn ohne Verwirrung wären wir nicht verzweifelt, und ohne Verzweiflung würden wir nicht suchen. Aber diese Konfusion wird nur erkennbar, wenn jemand einen bestimmten Bereich oder man kann sagen einen Grad an Bewusstsein erreicht hat.

Zu Zeiten von Moses war die Verzweiflung eine andere, als sie sich aus der Sklaverei befreien wollten. Sie hatten ein anderes Verständnis davon, wie man eine Gesellschaft nach einem bestimmten Muster organisiert, um sie so effektiv wie möglich zu gestalten. Es war eine Notlage, und es stand für die Juden damals auf Messers Schneide. In vielen Ländern und über viele Generationen gerieten sie in einen Zustand großer Verzweiflung. Sklaverei war damals sehr offensichtlich, doch niemand sah bis dahin etwas Schlechtes darin. Sie wurde akzeptiert und für selbstverständlich gehalten. Doch dann kam eine Zeit, in der sie es als Sklaverei erkannten und sich davon befreien wollten. Und es erschien ein Anführer, der sich der Sache annahm.

Heute, in diesen modernen Zeiten, gibt es eine sehr subtile Art von Sklaverei, die uns jeden Tag auffrisst und die so selbstzerstörerisch ist, dass wir gar nicht merken, wie es passiert. Diese Zerstörung arbeitet auf so viele Arten und Weisen, und, wenn wir uns nicht wirklich der Wahrheit zuwenden, besteht die Möglichkeit, dass von dieser Schöpfung nichts mehr übrig bleibt.

Manche Leute halten große Reden. Ich habe viele große Leute von den Vereinten Nationen und all diesen großen Organisationen getroffen. Sie reden über die bevorstehende Katastrophe, den Zukunftsschock und dass es passieren wird. Sie schreiben dicke Bücher und diskutieren – auf der Straße, in Parteien und in Kneipen. Aber sie erkennen die Bedeutung nicht. Diese Art von Zerstörung ist eine, die es noch nicht gegeben hat, da sie von innen heraus stattfinden wird und nicht von außen kommt. Wir haben eine bestimmte Tiefe in unserer Wahrnehmung erreicht, aber wenn wir nicht bis zur Quelle unserer Erhaltung vordringen, wird diese Zerstörung eintreten.

Viele Leute sagen: „Oh, vergesst es, vergesst es. Wir werden sehen." Manche sind dieser Meinung: "Gut. Vergiss es. Was? Weltuntergang? In Ordnung. Macht nichts. Morgen sehen wir weiter." Und manche habe ich gesehen, die setzen sich hin und warten: "Oh, Gott. Gott sei Dank, dass der Untergang kommt und alles vorbei ist. Dann brauchen wir uns keine Gedanken mehr zu machen. Gott sei Dank, dass der Untergang versprochen wurde."

Welche Haltung man auch einnimmt, man muss erkennen, dass dies sehr ernste Dinge sind. Die Schöpfung hat nun ihre höchste Entwicklung erreicht und diese Entwicklung drückt sich als Mensch aus. Die Menschen sind die Akteure auf der Bühne und die gesamte Natur arbeitet auf dieses neue Geschehen hin. Jetzt müsst ihr nur noch mit dem Göttlichen, mit dem Ganzen verbunden werden. Ihr müsst eure eigene Bedeutung erkennen und den Zweck eures Daseins. Wenn das möglich ist, seid ihr in der anderen Welt. Dafür seid ihr gemacht. Ihr seid als Menschen für einen bestimmten Zweck geschaffen. Darüber sollten wir nachdenken.

Alle Wissenschaftler sollten sich wenigstens einmal diese Frage stellen: "Warum? Warum gibt es den Menschen? Warum haben wir uns von Tieren auf diese Stufe entwickelt? Was ist der Grund?" Diese Frage bewegt heute das Unbewusste jedes Suchers, und darum gibt es so viele davon auf der ganzen Welt. Und sie versuchen, nur herauszufinden, warum wir hier sind.

Manche von ihnen finden darauf manchmal eine Antwort in materiellem Wohlstand. Z. B. unsere Streiks heutzutage, bei der Eisenbahn. Nun, das ist eine ziemlich begrenzte Sichtweise des Ganzen, ein sehr enger Blickwinkel. Ihr wollt mehr Lohn? Bitteschön, da habt ihr. Und dann? Die, die vom Kommunismus reden … Ich war in Moskau und werde wieder dahin fliegen. Doch fragt man sie, heißt es: „Oh, Freude haben wir bis jetzt auch noch nicht gefunden."

Ich bin weder gegen Kommunismus noch gegen Demokratie. Beides ist für mich nur ein Witz. Ihr seid weder kommunistisch noch demokratisch. Erst nach der Realisation könnt ihr beides gleichzeitig sein.

Da ihr weder die Fähigkeit habt, kapitalistisch noch demokratisch zu sein, habt ihr auch nicht die Befugnis zu wählen. Ihr wisst nichts über euch selbst, also worüber stimmt ihr ab? Ihr könnt nichts sehen. Solange es kein Licht gibt und solange wir nichts sehen können, wie wollen wir da über irgendetwas abstimmen? Wir stimmen z. B. für eine Person. Warum? "Oh, er ist ein sehr netter Mann." Gut. Was ist so nett an ihm? Woher wisst ihr, dass es ein netter Mensch ist? Könnt ihr sagen, dass der, der heute sehr freundlich aussieht, morgen nicht vielleicht Skorpione oder Schlangen um sich herum verbreiten wird? Ein Mensch mit einer anscheinend wunderbaren Persönlichkeit könnte sich als Schreckgespenst entpuppen? Also wie sollen wir über irgendjemanden abstimmen? Wenn ihr glaubt, dass ihr wisst, wie ihr zu urteilen habt, dann, glaube ich, müsst ihr noch etwas dazulernen. Denn ihr werdet immer noch viele Fehler machen, die ihr nicht zugeben werdet. „Ich weiß es nicht." Das ist der Punkt. Sobald ihr diesen Punkt erreicht habt: „Ich weiß es nicht. Ich glaube, dass dies ein guter Mensch ist, aber ich kann es nicht mit Sicherheit sagen." Das ist der Punkt, den ihr erreicht – wenn ihr unsicher seid und mit Sicherheit wissen wollt, ob etwas wahr und ehrlich ist.

Unser Sinn für Ehrlichkeit usw. ist so oberflächlich, so oberflächlich. Für uns bedeutet Ehrlichkeit soviel wie: „Gibst du mir fünf Pfund, geb' ich dir fünf zurück." Dann ist es getan, und man ist so ehrlich. Alles ist so oberflächlich. Darum können wir niemals zufrieden sein.

Sogar wenn wir zehn Prozent mehr Lohn erhalten oder zwanzig. Das wird uns nicht glücklich machen. Lasst euch das von mir gesagt sein. Materielle Dinge machen uns nicht glücklich. Aber ich sage nicht, dass wir keine brauchen. Wir brauchen materielle Dinge. Doch Materie ist wie eine mit Nektar gefüllte Tasse. Wenn man durstig ist, kann man ihn nicht aus einer leeren Tasse trinken. ... Da macht es auch keinen Unterschied, ob es eine Tasse aus Gold ist. Man muss etwas haben, um seinen Durst zu stillen. Und bevor dieser Durst nicht gestillt ist, werden wir nicht glücklich sein. Und worin besteht dieser Durst? Er entsteht, weil ihr immer noch nicht wisst, wer ihr seid. Er kommt ... ihr wisst nicht, wonach ihr sucht, ihr wisst nicht, warum ihr unglücklich seid, ihr wisst nicht, was ihr wollt. Das ist das Unbewusste, das daran arbeitet.

Aber die Zeit ist gekommen, dass ihr wissen sollt, was ihr seid, worin euer Ruhm und eure Großartigkeit liegt und welche Fähigkeiten ihr habt.[ci]

Legt man Shri Matajis Aktualisierung und Bereinigung dazugehöriger Quellen zugrunde (s. Abb. 1, S. 139), so erkennt man schnell, dass die Natur des Menschen, d. h. sein innerstes Wesen eigentlich bereits seit langem sehr detailliert bekannt ist, ohne dass es der großen Mehrheit der Menschheit und auch vielen von denjenigen, die von sich behaupten, Fachleute zu sein, bewusst ist. Trotzdem wird es manchen vielleicht schwerfallen, einige der folgenden Behauptungen zu akzeptieren, die aus diesem Wissen resultieren. Auch Ruskin schrieb: „Absolute Gerechtigkeit ist tatsächlich so wenig erreichbar wie absolute Wahrheit." Hier aber soll die Hypothese aufgestellt werden, dass „es eine absolute Wahrheit jenseits des Verstandes gibt, daß [sic!] sie in greifbarer Nähe ist und von jedem erfahren werden kann".[cii] Diese Behauptung soll nicht nur hypothetisch diskutiert, sondern es soll praktisch gezeigt werden, wie sie bewiesen werden kann. Und sofern sie sich als wahr herausstellt, so soll es weiter möglich sein, z. B. den Wahrheitsgehalt von Theorien oder die Redlichkeit von Personen daran messen zu können.

Abb. 1 zeigt ein vereinfachtes Schema eines subtilen Systems im Menschen, das als Grundlage und Steuerungszentrale seiner physischen, psychischen und mentalen Existenz seit tausenden von Jahren in vielen Kulturen und unter verschiedenen Namen bekannt ist. Leider bzw. teilweise auch zu Recht wurde das damit verbundene Wissen aus unterschiedlichsten Gründen durch eine Symbolik verschlüsselt, die im Laufe der Jahrtausende nur noch von relativ wenigen richtig gedeutet werden konnte und kann. Der Asklepiosstab der Mediziner oder der Baum des Lebens stellen z. B. derartige symbolische Hinweise dar.[ciii] Heute ist jedoch eine Zeit gekommen, in der das Wissen über die spirituellen Wurzeln des Menschen für jeden wieder sichtbar und erreichbar wird – sofern er das wünscht. Eine aktualisierte Beschreibung des Aufbaus des subtilen Systems, das auch als Grundlage der weiteren spirituellen Entwicklung (Selbst-Verwirklichung) des Menschen u. a. im obigen Exkurs vorgestellt wird, finden wir in der Veröffentlichung von Shri Mataji Nirmala Devi, *The Meta Modern Era.*[154] Am 21.03.1923 in Chindwara, Indien, geboren, lebte sie als Kind u. a. im Ashram von Mahatma Gandhi. Ruskins Einfluss auf Gandhis Leben und Werk wird an verschiedenen Stellen u. a von ihm selbst in seiner Autobiografie dargestellt.[155] Doch man kann mit großer Sicherheit behaupten, dass in ihren jungen Jahren Shri Matajis Wirkung auf den Mahatma ebenfalls eine sehr bedeutende war. Er erkannte ihre Weisheit, Klugheit und tiefes Verständnis und suchte ihren Rat in spirituellen Angelegenheiten. In Indiens Unabhängigkeitskampf spielte sie ebenfalls eine aktive und mutige Rolle, und nach ihrer Heirat, der Geburt zweier Kinder und einem entscheidenden spirituellen Erlebnis, entdeckte sie 1970 eine Methode zur gleichzeitigen spirituellen Erleuchtung einer gro-

---

[154] dt. Ausgabe: *Das Metamoderne Zeitalter*[cii]

[155] „Ich glaube, dass ich einige meiner tiefsten Überzeugungen in diesem großartigen Buch von Ruskin widergespiegelt fand und dass dies der Grund ist, warum es mich so fesselte und dazu brachte, mein Leben umzugestalten", (Gandhi, 1927; s. a. „Vorwort zur englischen Ausgabe", S. 17).[civ]

ßen Zahl von Menschen, die sie seitdem unermüdlich weltweit weitergegeben hat.[cv] In ihrem o. g. 1996 erschienenen Buch beschreibt sie nicht nur prägnant die Probleme der so genannten Moderne – zu denen natürlich auch wirtschaftliche, politische und ökologische gehören –, sondern sie sagt auch sehr deutlich, dass alle gegenwärtigen Probleme ausschließlich vom Menschen verursacht sind und dass sie nicht durch neue Theorien, Konzepte oder technischen Fortschritt gelöst werden können, sondern nur, wenn sich der Mensch aufmacht, der wahren Natur seines Wesens endlich zu begegnen. Nur dann kann eine notwendige innerliche Transformation stattfinden, die nicht durch äußere Einflüsse, sondern durch wahre Selbsterkenntnis ausgelöst wird. Und erst dann können auch ganz praktische Lösungen für so genannte äußerliche Probleme wirksam angegangen werden. Wir erfahren u. a.:

> *Im feinsinnigeren Wahrnehmungsbereich kann man feststellen, daß [sic!] sich entlang des Rückgrats ein äußerst perfekter Mechanismus in Form von sieben Schleifen befindet, der wie eine Fernbedienung wirkt. In den heiligen Schriften wird dieser Mechanismus 'SEELE' genannt. Diese SEELE kümmert sich um unser Wohlbefinden und unsere Unschuld. Sie beschützt die Rechtschaffenheit und das Gute im Menschen.[cvi]*

Dieser Mechanismus (s. Abb. 1) gliedert sich in drei Hauptkanäle und sieben subtile Hauptenergiezentren oder *Chakren* (sanskrit = Rad, die o. g. Schleifen). Die beiden äußeren Kanäle, *Ida Nadi* und *Pingala Nadi* entsprechen auf der feinstofflichen Ebene dem emotionalen, mentalen (intellektuellen) und physischen Körper des Menschen.

Der linke Kanal (blau) steuert die Emotionen und beinhaltet die persönliche Vergangenheit dieses Lebens und aller früheren Leben und endet am oberen Ende im Ballon des Superegos, das die Konditionierungen repräsentiert. An die persönliche Vergangenheit grenzt das kollektive Unterbewusste im Bereich des Superegos, worin letztlich die Vergangenheit aller Dinge gespeichert ist, die seit Beginn der Evolution erschaffen wurden. Physisch manifestiert sich dieser Kanal als linkes sympathisches Nervensystem. Die linke Seite entspricht dem taoistischen Yin oder Jungs *Anima*, dem *Tamo Guna* der Ayurvedik, dem *Tha* des *Hatha Yogas*, dem weiblichen bzw. Mond-Prinzip.

Abb. 1: Schematische Darstellung des subtilen Systems des Menschen[cvii]

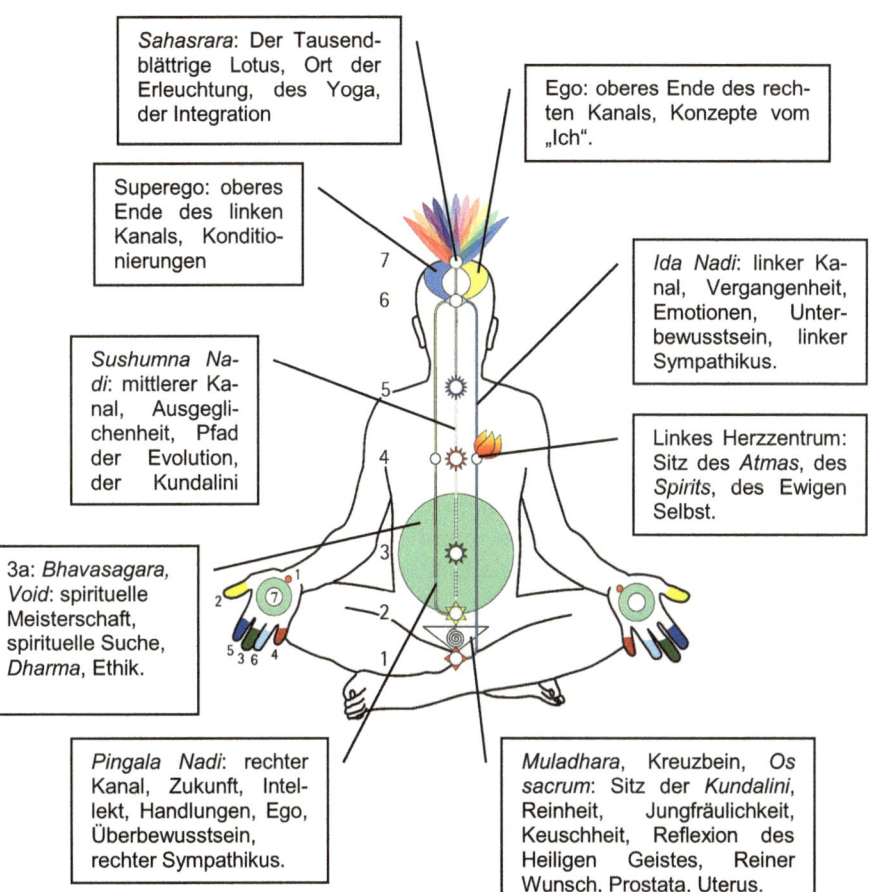

Sahasrara: Der Tausend-blättrige Lotus, Ort der Erleuchtung, des Yoga, der Integration

Ego: oberes Ende des rech-ten Kanals, Konzepte vom „Ich".

Superego: oberes Ende des linken Kanals, Konditio-nierungen

Ida Nadi: linker Ka-nal, Vergangenheit, Emotionen, Unter-bewusstsein, linker Sympathikus.

Sushumna Na-di: mittlerer Ka-nal, Ausgegli-chenheit, Pfad der Evolution, der Kundalini

Linkes Herzzentrum: Sitz des *Atmas*, des *Spirits*, des Ewigen Selbst.

3a: *Bhavasagara, Void*: spirituelle Meisterschaft, spirituelle Suche, *Dharma*, Ethik.

Pingala Nadi: rechter Kanal, Zukunft, Intel-lekt, Handlungen, Ego, Überbewusstsein, rechter Sympathikus.

Muladhara, Kreuzbein, *Os sacrum*: Sitz der *Kundalini*, Reinheit, Jungfräulichkeit, Keuschheit, Reflexion des Heiligen Geistes, Reiner Wunsch, Prostata, Uterus.

(1) *Muladhara Chakra*: Unschuld, Weisheit, Demut, kindliche Verspieltheit, Sexua-lität, Ausscheidung. (2) *Swadhisthana Chakra*: Kreativität, reines Wissen, Leber, Nieren, Milz. (3) *Nabhi Chakra*: Zufriedenheit, eheliche Beziehung, Leber, Nieren, Magen. (4) *Anahata Chakra*: Sicherheit, Immunsystem, Selbstvertrauen, Sitz des *Atmas* (linkes Herzzentrum), Herzorgan, Atmung. (5) *Vishuddhi Chakra*: Kollektivi-tät, Verantwortlichkeit, Diplomatie, Reinheit von Beziehungen. (6) *Agnya Chakra*: Gedankenfreies Bewusstsein, Vergebung, Ego und Superego, Hypo- und Epiphy-se. (7) *Sahasrara Chakra*: Tausendblättriger Lotus, Integration, Göttliche Stille, Selbstverwirklichung, Limbische Region.

Der rechte Kanal (gelb) ermöglicht dem Menschen das Handeln durch seinen physischen Körper und das Denken. Er endet am oberen Ende als Ballon des Egos, worin alle illusionären Konzepte unseres so genannten Ichs gespeichert sind. Der rechte Kanal entspricht dem taoistischen Yang, Jungs *Animus*, dem *Raja Guna*, dem *Ha* des *Hatha Yogas*, dem männlichen bzw. Sonnenprinzip.

Der Zentralkanal ist der Kanal der Evolution. Er beginnt *über* dem *Muladhara Chakra* im Kreuzbein, dem *Os sacrum*, durchdringt alle sechs darüberliegenden Chakren und tritt letztlich im *Sahasrara Chakra* aus. Die Vereinigung des individuellen mit dem Göttlichen Selbst wird möglich, wenn im *Sushumna Nadi* die Kraft der *Kundalini*, die Kraft des reinen Wunsches, aufsteigt. Durch den Austritt der *Kundalini* im *Sahasrara Chakra*, durch die Verbindung von *Kundalini*, dem individuellem Selbst (*Atma*) und dem Göttlichen Selbst (*Paramatma*) findet das statt, was als Erleuchtung, als Taufe, als Selbst-Verwirklichung im höchsten spirituellen Sinne oder als Yoga (Vereinigung) bezeichnet wird. Dieses Ereignis verbindet den Menschen mit dem Absoluten, der höchsten Realität. Dies ist das wahre Yoga, das höchste Ziel, das ein Mensch erreichen kann und auch seine Bestimmung.[cviii]

Wenn dieses Ereignis stattfindet, spürt der Sucher über seinem Scheitel eine feine, aber deutliche kühle Brise, die auch von Außenstehenden wahrgenomen werden kann. Auch über den Handflächen lässt sich das wahrnehmen, was in den Schriften als *Ruh*, als *Paramchaitanya* oder als der Wind des Heiligen Geistes beschrieben wird. Der Sucher tritt ein in das so genannte gedankenfreie Bewusstsein, das ihn jenseits der Dualität von Vergangenheit und Zukunft in der Gegenwart ankommen lässt.[156] Jenseits seines individuellen Ich-Bewusstseins wird er in völliger Klarheit Teil des z. B. von C. G. Jung beschriebenen Kollektiven Unbewussten. Gleichzeitig versetzt ihn die Erleuchtung seines subtilen Systems in die Lage, den Zustand der *Chakren* und Energiekanäle bei sich selbst und anderen zu diagnostizieren. So

---

[156] Vielen Namen existieren für diesen Zustand. Im Christentum und im Islam kann man ihn als wiedergewonnenes Paradies oder als Himmelreich bezeichnen. Es ist William Blakes Neues Jerusalem. Der Buddhismus beschreibt ihn als Nirwana, in den Yoga-Lehren wird er als Yoga oder auch als *Samadhi*, im Hinduismus als Erleuchtung bezeichnet.

kann er Störungen bei sich und anderen erkennen und ihnen begegnen. Durch die Verbindung zum Absoluten kann er nun auch auf einer absoluten Ebene zwischen richtig und falsch unterscheiden oder absolute Fragen stellen. Genau darin lieg die praktische Anwendung dieses neuen Bewusstseins und man kann z. B. eine der wohl zentralsten Fragen der Menschheit nach der Existenz Gottes stellen, und der neu erworbene vibratorische sechste Sinn wird darauf *jenseits* rationaler Argumentation mit einer Flut kühler Vibrationen antworten. Diese Frage kann von jedem gestellt werden und jeder, der durch das oben beschriebene Ereignis die so genannte Selbst-Verwirklichung erhalten hat, wird dieselbe Antwort bekommen. Somit wird der Beweis erbracht, dass es sich dabei nicht um Einbildung handelt und die Wahrnehmungen real sind.

Wenn man es zulässt, kann man bereits jetzt erkennen, dass schon die mentale Kenntnis vom unerleuchteten Zustand des oben beschriebenen subtilen Systems für sich alleine genommen entscheidende neue Perspektiven eröffnet.

Möchte man den großen Fragen der Menschheit oder des Menschseins tatsächlich auf den Grund gehen, so muss man erkennen, dass die Möglichkeiten des Status quo des Homo sapiens als Durchgangsstadium zu einer höheren Entwicklungsstufe langsam ausgeschöpft sind und dass die Menschheit aufgefordert ist, reale Schritte hin auf die wahre nächste Stufe ihrer Evolution zu machen. Und diese Schritte müssen spirituelle sein. Die Zeit ist vorbei, sich in neuen intellektuellen, medizinischen, technischen, ökonomischen oder sonstigen physischen, emotionalen oder mentalen Konzepten zu verlieren. Denn dies käme dem berühmten neuen Wein (d. h. Traubensaft) in alten Schläuchen gleich.[157] Die Verwirklichung des wahren Selbst, des *Atmas*, ist eine evolutionäre Notwendigkeit und kann nicht durch rationale, emotionale oder sonstige dualistische Erkenntnisse erreicht werden, sondern allein durch die Erleuchtung des subtilen Systems.

Im Rahmen dieser Arbeit soll speziell auf den materiellen Aspekt des Daseins noch etwas genauer eingegangen werden, denn dies ist ja der wesentliche Teil unseres Themas. Dieser wird im Menschen vom zweiten und dritten *Chakra*, dem so genannten

---

[157] s. Matthäus 9, 17 (u. a.)

Swadhisthan und *Nabhi Chakra* (s. Abb. 1) gesteuert. Das *Nabhi Chakra* liegt innerhalb des so genannten *Voids*, der Leere[158], die durch kreisförmige Bewegung des *Swadhisthana Chakras* um das *Nabhi Chakra* herum gebildet wird. Beide *Chakren* sind auf der physischen Ebene z. B. für alle Organe im Bauchraum und ihre Funktionen zuständig. Darüber hinaus bewältigen wir mit Hilfe des *Swadhisthana Chakras* auch so wichtige Dinge wie den Denkprozess, physisches Handeln allgemein und kreatives im Besonderen. Das *Nabhi Chakra* wiederum steuert auf der einen Seite das Verhalten von Menschen, die andere führen, also Könige, Politiker oder auch Führungspersönlichkeiten im Geschäftsleben und ist auf der anderen Seite zuständig für die Abläufe in der Familie und speziell zwischen Ehemann und Ehefrau. Auf materieller und spiritueller Ebene spiegelt es die *Tattwas*[159] von *Shri Vishnu* und *Shri Lakshmi wider*, die Prinzipien der Erhaltung der Schöpfung, von Wohlstand und Reichtum, von Haushaltsführung im höchsten Sinne – auf individueller und kollektiver Ebene.

Im *Void* ist unsere eigene Meisterschaft, das Guruprinzip, verankert, das es uns ermöglicht, über die Welt der Erscheinungen hinauszugehen und uns dem Ewigen zuzuwenden. Dies ist auf Dauer nur möglich, wenn bestimmte Regeln beachtet werden. Deshalb manifestieren sich dort in jedem Menschen auch wichtige Aspekte des so genannten *Dharmas*, das ihm tatsächlich angeboren ist und das im westlichen Sprachgebrauch (z. T.) in den komplexen Systemen von Moral und Ethik beschrieben wird. Es sind die Grenzen eines gottgefälligen Lebens, die sich hier widerspiegeln und somit auch die von Ruskin so betonte Qualität von Rechtschaffenheit auch und besonders im wirtschaftlichen Leben.

Transzendiert und zusammen mit den Qualitäten des *Void* beinhalten die Qualitäten des *Nabhi Chakras* als *Shri Mahalakshmi Tattwa* weiterhin den Impuls zur Entwicklung und zur Suche.

---

[158] Damit ist nicht die gedankenfreie Leere, das Endziel des Buddhismus, das Nirwana, gemeint, sondern der *Bhavasagara*, der Ozean des Werdens oder der Illusionen (s. Abb. 1), den es gilt, hinter sich zu lassen, um Befreiung von der Wiedergeburt zu erlangen. Im Christentum wird die Durchquerung dieses Ozeans mit dem Zug der Israeliten durch das Rote Meer unter der Führung von Moses symbolisiert. Das Nirwana entspricht dem hier verwendeten Begriff „Gedankenfreies Bewusstsein" oder der Erleuchtung.

[159] *Tattwa*, (sanskrit) = Prinzip

Konkret manifestiert sich dies als die Kraft der Evolution allgemein, als die Suche nach Licht im Pflanzenreich und als Suche nach Nahrung bei den Tieren. Im Menschen zeigt sich dieser Impuls zunächst auch im Streben, materielle Bedürfnisse zu befriedigen, doch, wenn diese erfüllt sind, beginnt – zumindest bei einigen Menschen – eine Suche nach höheren Wahrheiten.

Die Selbstverständlichkeit mit der Ruskin ethische, moralische und christliche Werte als Grundlage menschlichen Handelns benennt und viele seiner Aussagen zeigen, dass er bestimmt einer dieser Menschen war. Für unser Thema ist von Bedeutung, dass Störungen im *Nabhi Chakra* z. B. durch Gier und Maßlosigkeit verursacht werden. Ist dieses *Chakra* dagegen in Ordnung und voll erleuchtet, so erleben wir dies als Zufriedenheit in materieller *und* spiritueller Hinsicht. Aus dem Vorgenannten lernen wir weiter, dass wir zwar nicht auf materielle Dinge verzichten können, da wir sie zum Überleben benötigen. Doch der Sinn menschlichen Handelns und Seins liegt eben nicht allein im Streben nach der Anhäufung materieller Reichtümer, sondern in der Vervollkommnung seines Wesens. Dazu muss der Ozean der Illusionen, zu dem auch diese materielle Welt gehört, durchquert werden. Materielle Dinge sollten auf diesem Weg lediglich Hilfsmittel sein und einer ihrer wesentlichen Verwendungszwecke besteht, wie Ruskin es auch beschreibt, darin, anderen damit Freude zu bereiten.

Die Erleuchtung des oben beschriebenen subtilen Systems findet durch die Erweckung der *Kundalini* statt. Diese Erweckung kann wiederum nur von einer autorisierten Person durchgeführt werden, deren *Kundalini* selbst *nachweisbar* erweckt ist. Leider tummelt sich auf diesem Gebiet auch eine große Anzahl von Scharlatanen, die leichtgläubige Sucher bewusst oder aus eigener Unwissenheit in die Irre führen. Jemand, der behauptet, er könne die *Kundalini* erwecken und die kühle Brise ist *objektiv* nicht über seinem Scheitel spürbar, erzählt Unsinn. So kann, auch wenn es wahrscheinlich individualistischen Einstellungen von der Art „viele Wege führen nach Rom" widerspricht, guten Gewissens gegenwärtig als einzige seriöse Methode zur *Kundalini*-Erweckung, die heute der großen Mehrheit zugänglich ist, nur die empfohlen werden, die von Shri Mataji Nirmala Devi 1970 entwickelt wurde.[160] Obwohl es eine einzigartige und existenzielle Erfahrung ist, die früher nur wenigen vorbehalten war, die lange und harte Entbehrungen dafür auf sich nehmen mussten, kann heute, sofern der aufrichtige und reine Wunsch danach besteht, die Erweckung sogar von zu Hause aus über das Internet in einigen Minuten erreicht werden.[161] Und jeder, der die wahre Selbst-Verwirklichung erhalten hat, kann sie wiederum an andere weitergeben. Von großer Bedeutung ist dabei, dass der spirituelle Sucher sein eigener Herr und Meister bleibt bzw. dazu wird und nicht in die Abhängigkeiten irgendwelcher Organisationen gerät.

Die Möglichkeiten und der Sinn der Selbst-Verwirklichung gehen natürlich weit über den hier behandelten Kontext des Wirtschaftslebens hinaus, denn die damit verbundenen Erfahrungen, Ereignisse und Veränderungen im Bewusstsein und Verhalten des Menschen sollen ihn dem großen Ziel des Menschseins näher bringen. Ruskin hat „die Produktion selbstbestimmter Seelen" als Ziel einer guten Volkswirtschaft beschrieben, wobei aus spiritueller Sicht gesehen der wirtschaftliche Aspekt dazu alleine wohl nicht ganz ausreicht, aber sicher die Aufrichtigkeit und Umsichtigkeit im Umgang damit eine wichtige Voraussetzung darstellt. Aus der Perspektive der höchsten und gleichzeitig demütigsten für den Menschen erreichbaren Selbstbestimmung und Freiheit muss aber in ebensolcher Konsequenz nichts anderes verlangt werden, als die „Erzeugung von selbst-verwirklichten Menschen" – wobei der „Ozean der Illusionen", zu der auch die materielle Welt gehört, dazu durchquert werden muss. Doch es ist wahrscheinlich sogar umgekehrt so, dass zunächst die Selbst-Verwirklichung erreicht werden muss – für die bestimmte materielle Voraussetzungen nützlich, aber nicht generell notwendig sind –, und dann erst eine Gesellschaft mit einer funktionierenden wirtschaftlichen und politischen Ordnung nach hohen moralischen Standards eingerichtet werden kann, wie sie auch von Ruskin gefordert werden.

Wie bereits gesagt, ist es mit Hilfe der Selbst-Verwirklichung

---

[160] Damit ist im ursprünglichen und wörtlichen Sinne *Sahaja Yoga* gemeint, was soviel bedeutet wie spontane (sanskrit = *saha*) und angeborene (sanskrit = *ja*) Methode zur Selbst-Verwirklichung (Realisation, Yoga) oder Erleuchtung durch die Erweckung der *Kundalini*.

[161] s. hierzu: youtube.com, Stichwort: *Self Realization Part 1/2/3*

möglich, den Wahrheitsgehalt aller vorgestellten und natürlich auch anderer Behauptungen zu überprüfen. Weiterhin kann damit nun die eingangs gestellte Frage nach der wahren Natur des Menschen beantwortet werden, und es stellt sich heraus – was für manche nicht unbedingt neu ist –, dass diese wahre Natur eine göttlichen Ursprungs ist, und dass sie sehr detailliert beschrieben werden kann. Auch können überlieferte Schriften oder sonstige Konzepte mit dem aktualisierten Wissen überprüft und bereinigt werden.

Es spricht nichts dagegen, dass auch die „westliche" Wissenschaft mit ihrer Methodik versucht, den Wahrheitsgehalt des Gesagten zu überprüfen. Komplizierte Apparaturen können dabei auch verwendet werden – ihre wahrscheinlich technische Sensorik sollte dafür allerdings ausreichend entwickelt sein. Sie sind aber zunächst nicht nötig, denn es reicht dazu nur der aufrichtige und v. a. reine Wunsch, die höchste Wahrheit oder Realität zu erfahren, was letztlich dasselbe ist. Das Hauptinstrument der Überprüfung bringt dann jeder selbstverwirklichte Mensch mit – nämlich sein erleuchtetes Bewusstsein.

Uwe David, Sommer 2011

Personen- und Sachverzeichnis

Literaturverzeichnis

[i] Was ist Gerechtigkeit? ... Weinbergbesitzers daran..." Röhl, J. (13.02.2009): Matthäus 20, 1-16 – Ist Gott Kommunist? URL: http://windhauch.net/matthaeus-20-1-16-ist-gott-kommunist/ (27.05.2011).

[ii] *Pocket*-Ruskin. Ruskin, J.: *Unto This Last – Four Essays on the First Principles of Political Economy* (Lancashire: Hendon Publishing, 2000).

[iii] *Library Edition.* Cook, E. T. and A. Wedderburn (ed.): *The Works of John Ruskin* (London: George Allen, 1905), 17. Online: Internet Archive (10.03.2010): "The works of John Ruskin", URL: http://www.archive.org/-details/worksofjohnruski17ruskiala (16.02.2011).

[iv] 17 Unzen. Ibid., 17:17.

[v] "Autoren zur Politischen ... oder zu untersuchen", „Jeder hat eine ... mit Wohlstand gemeint ist." und „Es gehört nicht ... einer Definition abzuziehlen." Mill. J. S. und Soetbeer A. (Übers.): *Grundsätze der politischen Oekonomie nebst einigen Anwendungen auf die Gesellschaftswissenschaft* (Hamburg: Perthes-Besser und Mauke, 1852), 1:2. Online: Google Bücher (28.11.2007): „Grundsätze der politischen oekonomie nebst einigen anwendungen derselben auf die gesellschaftswissenschaft, Band 1(Google eBook)", URL: http://books.google.de/books?id=j-HVRAAAAMAAJ&printsec=frontcover#v=onepage&q&f=false (31.01.2011); Englische Ausgabe: "Writers on political economy... investigate.", "Every one has a notion ... meant by wealth." und "It is no part ... nicety of definition." Mill, J. S.: *Principles of Political Economy with some of their applications to social philosophy* (New York: Appleton and Company, 1868), 1:2. Online: Google Bücher (01.11.2005): "Principles of political economy: with some of their applications to social philosophy, Band 1 (Google eBook)", URL: http://books.google.de/books?id=-hzBg_UTC_cC&dq=mill%20political%20economy&pg=PA1#v=onepage&q&f=false (31.01.2011).

[vi] "A wit's a feather ... work of God." Pope, A.: *Essay on Man*. In: Aikin, J., ed.: *Selected works of the British poets: with biographical and critical prefaces* (London: Longman, Hurst, Rees, Orme & Brown, 1820), 370f. Online: Google Bücher (17.01.2008): "Select works of the British poets: with biographical and critical prefaces (Google eBook)", URL: http://books.google.de/books?id=kDcUAAAAYAAJ&pg=PA370#v=onepage&q&f=false (31.01.2011). Deutsche Ausgabe: Pope, A., Brockes, B. H., Zinck, B. J.: *Versuch vom Menschen* (Hamburg: Herold, 1740).

[vii] „Ein Arbeiter wird ... Nachläßigkeit ab." Smith, A.: *Untersuchung der Natur und Ursachen von Nationalreichthümern* (Leipzig, Weidmanns Erben und Reich, 1776), 1:199. Online: Google Bücher (19.08.2009): „Untersuchung der Natur und Ursachen von Nationalreichthümern, Band 1 (Google ebook), URL: http://books.google.de/books?id=UI5GAAAA-AAJ&printsec=frontcover&source=gbs_ge_summary_r&cad=0#v=onepage&q&f=false (31.01.2011); Englische Ausgabe: "The effectual discipline ... his negligence." Smith, A.: *An Inquiry into the Nature and Causes of the Wealth of Nations (New York*, Cosimo, 2007), 1:138. Online: Google Bücher (o. J.): „Wealth of Nations", URL: http://books.google.de/books?-id=A5moyserOFIC&printsec=frontcover&dq=wealth+of+nations+adam+smith&hl=de&ei=UNRGTafUOcn3sgbK4uyoDg&sa=X&oi=book_result&ct=result&resnum=2&ved=0CDUQ6AEwAQ#v=onepage&q&f=false (31.01.2011).

[viii] "Around this temple... contracts guileless." Inschrift in San Giacomo di Rialto. Online: Wikipedia (05.09.2009): „Mercato di Rialto", URL: http://de.wikipedia.org/w/index.php?title=Mercato_di_Rialto&oldid=62994031 (31.01.2011).

[ix] "So, again, consider ... as a contraction for 'presbyter'." Ruskin, J.: *Sesame and Lilies – Two Lectures delivered in Manchester 1864* (New York, John Wiley & Son, 1865), 24-25.

[x] Weitere Abhandlung. Cook and Wedderburn: *The Works of John Ruskin*, 17:21.

[xi] "A labourer serves ... well of his country." Ruskin, J.: *A Joy for Ever, and Its Price in the Market – Two Lectures on the Political Economy of Art* (www.forgottenbooks.org: Forgotten Books, 2010), 143f; Online: Google Bücher (o. J.): "A Joy for Ever, and Its Price in the Market", URL: http://books.google.de/books?id=ixAy7mblxE0C&lpg=PP1&pg=PP1#v=onepage&q&f=false (01.02.2011).

[xii] „P. Valerius ... matronae ut Brutum." Livius, T.: *Ab Urbe Condita.* Online: Intratext Digital Library (07.01.2010): Titus Livius – Ab Urbe condita – Liber II, Caput III:16, URL: http://www.intratext.com/IXT/LAT0142/-_PD.HTM (01.02.2011); deutsche Übersetzung: Heusinger, K.: *Titus Livius – Römische Geschichte* (Braunschweig: Vieweg, 1821), 1:127, Buch II, Caput III:16; Online: Google Bücher (14.04.2008): Römische Geschichte, Band 1 (Google ebook), URL: http://books.google.com/-books?id=K0kTAAAAQAAJ&printsec=frontcover&hl=de#v=onepage&q&f=false (03.03.2011).

[xiii] Stickstoffchlorid. Lueger, O. (Hrsg.): *Lexikon der gesamten Technik und ihrer Hilfswissenschaften* (Stuttgart, Leipzig: Deutsche Verlagsan-

stalt, 1910), 8:320. Online: Zenodot Verlagsgesellschaft mbH (o. J.): „Stickstoffchlorid", URL: http://www.zeno.org/nid/20006134904 (02.02.2011).

xiv Bauarbeiter-Streik. Cook and Wedderburn: *Works of John Ruskin*, 17:27.

xv Esther und Charlie. Dickens, C.: *Bleak House* (London: Duckworth & Co Ltd, 2005 u. a.); dt. Ausgabe: *Bleak House* (Berlin: Suhrkamp Insel, 1988). – Dickens neunte Novelle wurde zwischen März 1852 und September 1853 veröffentlicht und seit 1920 mehrmals verfilmt. Der englische Text ist Online einsehbare unter: http://www.gutenberg.org/-ebooks/1023. Weitere Informationen s. z. B. Wikipedia (16.02.2011): "Bleak House", URL: http://en.wikipedia.org/w/index.php?title=Bleak_-House&oldid=408204383(02.02.2011).

xvi Miss Brass und Markgräfin. Dickens, C.: *Master Humphrey's Clock* (New Castle: Cambridge Scholars Publishing, 2008 u. a.). – Dieser Roman wurde zwischen 1840 und 1841 veröffentlicht. Der englische Text ist einsehbar unter: http://onlinebooks.library.upenn.edu/webbin/gutbook-/lookup?num=588; dt. Ausgabe z. B.: *Master Humphreys Wanduhr* (Mannheim: Artemis & Winkler, 1997); Weitere Informationen: Wikipedia (12.20.1011): „Master Humphrey's Clock", URL: http://en.wikipedia.org/-w/index.php?title=Master_Humphrey%27s_Clock&oldid=390217854, (02.02.2011).

xvii *Hard Times*. Dickens, C.: *Hard Times – For These Times* (www.forgottenbooks.org: Forgotten Books, 1966). Online: Google Bücher (o. J.): „Hard Times", URL: http://books.google.de/books?id=-p2qra4V8GygC&lpg=PP1&pg=PP1#v=onepage&q&f=false (02.02.2011); dt. Ausgabe: *Harte Zeiten* (Reinbek: Rowohlt, 1987); weitere Informationen: Wikipedia (25.01.2011): „Hard Times", URL: http://en.wikipedia.org/-w/index.php?title=Hard_Times&oldid=409908118, (02.02.2011).

xviii *six-and-eightpence*. Dunklin, L.: *A Dictionary of Epithets and Terms of Address* (London: Taylor & Francis, 1990). Online: BookRags (2009): "Six-And-Eightpence", URL: http://www.bookrags.com/tandf/six-and-eightpence-tf/#bro_copy (03.02.2011).

xix *six-and-eightpence*. Brewer, E. C.: *Dictionary of Phrase and Fable* (o. O: Oak Grove, 1894). Online: infoplease – Pearson Education (2000 – 2007): "Six-and-Eightpence", URL: http://www.infoplease.com/dictionary/brewers/six-and-eightpence.html (03.03.2011).

xx *Four-and-sixpence*. Dickens, C.: *The Dancing Academy*. In: *The Complete Works of Charles Dickens: Sketches by Boz* (New York: Charles

Scribner's Sons, 1900), 1:300. Online: Google Bücher (o. J.): "The Complete Works of Charles Dickens: Sketches by Boz", URL: http://books.-google.de/books?id=XA-J1XhYv6gC&lpg=PA244&dq=The%20Dancing-%20Academy%20dickens&pg=PA244#v=onepage&q=four-and-sixpence&f=false (03.02.2011).

[xxi] *Excursion*. Wikipedia (30.06.2010): "The Excursion", URL: http://-en.wikipedia.org/w/index.php?title=The_Excursion&oldid=370993113 (11.01.2011).

[xxii] Autolykus. Wikipedia (07.11.2010): „Autolykos (Mythologie)", URL: http://de.wikipedia.org/w/index.php?title=Autolykos_(Mythologie)&oldid=8 1211927 (11.01.2011).

[xxiii] Polis. Wikipedia (04.01.2011): „Polis", URL: http://-de.wikipedia.org/w/index.php?title=Polis&oldid=83444736 (14.01.2011).

[xxiv] Marketender. Wikipedia (26.02.2011): "Sutler", URL: http://-en.wikipedia.org/w/index.php?title=Sutler&oldid=416079716 (13.03.2011).

[xxv] Bezant. Cook and Wedderburn: *Works of John Ruskin,* 17:55.

[xxvi] Bezant. *Random House Unabridged Dictionary, 1997.* Online: infoplease (w. d.): "bezant", URL: http://dictionary.infoplease.com/-bezant#ixzz1EKJlQxzy (18.02.2011).

[xxvii] Adamant. Wikipedia (22.11.2010): „Adamant", URL: http://de.wiki-pedia.org/w/index.php?title=Adamant&oldid=81804025 (16.01.2011).

[xxviii] Golkonda. Wikipedia (21.08.2010): „Golkonda", URL: http://de.wiki-pedia.org/w/index.php?title=Golkonda&oldid=78125940 (16. 01.2011).

[xxix] *"Cornelia Gracchorum ... 'ornamenta sunt mea'."* Kempf, K. F. B. (Hrsg.), Valerius Maximus et J. Paris: *Valeri Maximi Factorum et dictorum memorabilivm libri novem* (Berolini (Berlin): Impensis Georgii Reimeri, 1854), 343f; Online: Google Bücher (10.07.2006): "Valeri Maximi Factorum et dictorum memorabilivm libri novem: Cum incerti auctoris fragmento de praenominibus (Google eBook)", URL: http://books.-google.com/books?id=hnp8ScDChL8C&printsec=frontcover&hl=de#v=on epage&q&f=false (04.03.2011).

[xxx] „Es befand sich einst ... das ist mein Schmuck!" Hoffman, F. (Übers.) und Valerius Maximus: *Sammlung merkwürdiger Reden und Thaten* (Stuttgart: Metzler, 1828), 1:252. Online: Google Bücher (25.08.2009): „Sammlung merkwürdiger Reden und Thaten (Google eBook)", URL: http://books.google.de/books?id=qKQ9AAAAcAAJ&pg=PA252#v=onepa ge&q&f=false (18.02.2011).

[xxxi] „jüdischer Händler". Wikipedia (18.02.2011): „Salomon". http://de.wikipedia.org/w/index.php?title=Salomo&oldid=85436221 18.02.2011).

[xxxii] als Übersetzung der *Vulgata*. Cook and Wedderburn: *Works of John Ruskin*, 17:59.

[xxxiii] ADLERAUGE. Hertz, W. (Übers.): *Dante Alighieri – Die Göttliche Komödie*. (München: dtv, 1997), 391, Paradiso XVIII: 108.

[xxxiv] „DILIGITE ... TERRAM. Ibid., 390, Paradiso XVIII: 91–93.

[xxxv] Der Wichtigkeit ... gesetzt werden. Mill und Soetbeer: *Grundsätze*, 1:52 bzw. engl. Original: „No limit ... mere thought." Mill: *Principles*, 1:42.

[xxxvi] „alle Empfindungen ... verbunden sind." Ibid., 1:29 (dt. Ausg.), 1:23 (engl. Ausg.).

[xxxvii] „Fritz ist bei uns. ... 50.000 Mann." Wahrscheinlich ein Zitat aus Thomas Carlyles *Frederick the Great*, das zwischen 1858 und 1864 in 6 Bänden erschien. Die genaue Stelle des Zitats konnte nicht ausfindig gemacht werden. Sämtliche Bände des Werkes sind Online über das Projekt Gutenberg einzusehen (http://www.gutenberg.org/ebooks/25808) und z. T. auch bei Google.Books.

[xxxviii] Leitartikel im *Scotsman*. Cook and Wedderburn: *Works of John Ruskin*, 17:69.

[xxxix] „Im Leitartikel vom ... beschmutzt hat?" Ibid., 17:71.

[xl] 35 oder 40 Prozent. Ibid., 17:71.

[xli] "s. Angaben von ... 1902", S. 190. Herbert, S. L.: *Liberalism – An attempt to state the principles and proposals of contemporary liberalism in England* (London: Grant Richard, 1902), 190; Online: Internet Archive – Open Library (14.10.2010): "1 edition of Liberalism by Samuel, Herbert Louis Sir", URL: http://www.archive.org/stream/liberalismattemp00-samurich#page/190/mode/2up (02.03.2011).

[xlii] "Yet, to be just ... slave that hides." Aikin: *Selected Works*, 377.

[xliii] „Und solche ... Flammen." Hertz: *Göttliche Komödie*, 395, Paradies: XIX:109–111.

[xliv] Leute aus Ninive. Cook and Wedderburn: *Works of John Ruskin*, 17: 76.

[xlv] Kapital. Mill: *Principles*, 1:83–93 oder dt. Ausg.: *Grundsätze*, 1:67–77.

xlvi J. S. Mill. Wikipedia (08.02.2011) „John Stuart Mill". URL: http://de.wikipedia.org/w/index.php?title=John_Stuart_Mill&oldid=850124 34 (21.02.2011).

xlvii „damit den Lohn ... bestreitet." Mill: Grundsätze, 1:69, engl. Ausg. 1:85.

xlviii „mehr Nahrungsmittel ... gewonnen werden." Ibid., 1:69 bzw. 1:86.

xlix „Unterhalt ... Zwecke frei wird." Ibid., 1:69 bzw. 1:86.

l „Kauf von Tafelsilber und Juwelen." Cook and Wedderburn: Works of John Ruskin, 17:78.

li „vergleichende Schätzung ... Sittenlehres." und hat nichts damit zu tun. Mill: Grundsätze, 1:453, engl. Ausg 1:537.

lii "angesammelten Vorrath[...] bleibender Genußmittel." Ibid., 1:61 bzw. 1:77.

liii "von denen jede zehn Pfund kostet." „A single shell costs ten pounds." Helps, A.: Friends in council: A Series of Readings and Discourses Thereon (London: Smith Elder & Co., 1879), 395; Online: Open Library (14.04.2010). "Friends in council a series of readings and discourse thereon", URL: http://openlibrary.org/books/OL7107984M/Friends_in_- council (04.03.2011).

liv "Fähigkeit ... Zwecke zu dienen." Mill: Grundsätze, 1:453 bzw. Principles, 1:537

lv „zur Erhaltung ... der Kräfte." Ibid., 1:64 bzw. 1:80.

lvi „Wenn der Ausdruck ... den ‚Tauschwerth'." Ibid., 1:454 bzw. 1:538.

lvii „Gegenstand ist ... ‚Vermögen'." Ibid., 1:1 bzw. 1:17.

lviii „‚Vermögen' ...Tauschwerth besitzen." Ibid., 1:10 bzw. 1:26.

lix „a pot o' th' smallest ale." und „Adonis painted ... brook." Shakespeare, W.: The Taming of the Shrew (Oxford: Oxford University Press, 1998), 100f. Online-Versionen z. B. auf www.gutenberg.org oder www.archive.org; Deutsche Übertragung: „Krug vom dünnsten Bier" und „Adonis ruhend ... Bach." Shakespeare, W.: Sämtliche Werke – Der Widerspenstigen Zähmung (St. Gallen: Otus, 2006), 25f.

lx Christopher Sly. Wikipedia (02.11.2010): "Christopher Sly", URL: http:- //en.wikipedia.org/w/index.php?title=Christopher_Sly&oldid=394321577 (09.02.2011).

[lxi] „Ein weiterer Hinweis ... des Buches." Cook and Wedderburn: *Works of John Ruskin*, 17:81.

[lxii] David Ricardo. Wikipedia (02.02.2011): "David Ricardo", URL: http://en.wikipedia.org/w/index.php?title=David_Ricardo&oldid=411570053 (09.02.2011).

[lxiii] „Nicht die ... derselben ist." Ricardo, D. und G. Bondi (Übers.): *Über die Grundsätze der politischen Ökonomie und der Besteuerung* (München: FinanzBuch, 2006), 15; Online: Google Bücher (o. J.): Über die Grundsätze der politischen Ökonomie und der Besteuerung", URL: http://books.google.de/books?id=X6akOSmUnnEC&lpg=PP1&dq=ricardo%20grunds%C3%A4tze%20%C3%B6konomie&pg=PA4#v=onepage&q&f=false (04.03.2011); bzw. „Utility then is not ... essential to it." Ricardo, D.: *On the Principles of Political Economy, and Taxation* (London: John Murray, 1821), 2; Online: Google Bücher (01.08.2007): "On the principles of political economy, and taxation (Google eBook)", URL: http://books.google.de/books?id=iUUJAAAAQAAJ&lpg=PA2&ots=_-YOg7lhqf&dq=%20Utility%20is%20not%20the%20measure%20of%20exchangeable%20-%20value%2C%20though%20it%20is%20absolutely%20essential%20to%20it&pg=PA2#v=onepage&q&f=false (04.03.2011).

[lxiv] „Man kann ... einen Haken zu haben." Cook and Wedderburn: *Works of John Ruskin*, 17:82.

[lxv] "Angenommen, daß ... Arbeitsmenge bestimmt." Ricardo: *Über die Grundsätze*, 30 bzw. „Suppose that in the ... fisherman's day's labour." *On the Principles*, 20.

[lxvi] Santa Maria della Salute. Wikipedia (01.02. 2011): „Santa Maria della Salute", URL: http://de.wikipedia.org/w/index.php?title=Santa_Maria_della_Salute&oldid=84730343 (20.02.2011)

[lxvii] „Vermögend sein heißt: ... nützlicher Dinge besitzen." Mill: *Grundsätze*, 1:8 bzw. engl., 1:23f.

[lxviii] „Yet in thy ... to the quick." Herbert, G., Walton I., Harvey, C., and B. Oley: *The Works of George Herbert in Prose and Verse* (London: William Pickerling, 1846), 2:7; Online: Google Bücher (17.02.2006): "The Works of George Herbert: Poetry (Google eBook)", URL: http://books.google.de/books?id=Y9MTxbs7S_QC&dq=GEORGE%20HERBERT%20The%20Church%20Porch&pg=PA7#v=onepage&q&f=false (10.02.2011).

[lxix] „Spalt im *Forum Romanum*." Heusinger: *Titus Livius*, 2:88f; Online: Google Bücher (14.04.2008), URL: http://books.google.com/books?id=f0kTAAAAQAAJ&hl=de&pg=PA88#v=onepage&q&f=false (10.02.2011).

[lxx] „quo ... plurimum populus Romanus." Livi, T. und M. Hertz (Übers.): Ab Urbe Condita Libri. in: Tauschnitz, B. Griechische und Römische Klassiker (Lipsiae (New York): Tauchnitz, 1857), 355f; Online: Google Bücher (29.06.2010): "Titi Livi Ab urbe condita libri: pars. I. De vita ac scriptis T. Livii Patavini prolusio. Adnotatio critica. Liber I-V. 1912 (Google ebook)", URL: http://books.google.de/books?id=4SQzAQ-AAIAAJ&pg=PA355#v=onepage&q&f=false oder Intratext Digital Library (04.03.2011): "Titus Livius – Ab Urbe condita", Liber VII, Caput I:6, URL: http://www.intratext.com/IXT/LAT0142/_P17.HTM (04.03.2011); Nachweis bei Ruskin: Liv. VII. 6.

[lxxi] "Die Ableitung ... S. 86, Ed. 1867." Cook and Wedderburn: Works of John Ruskin, 17:88.

[lxxii] illth. Online: The Free Dictionary (2011): "illth", URL: http://encyclopedia.thefreedictionary.com/illth (11.02.2011).

[lxxiii] „Sure, of ... fortunes than to raise." Pope, A.: Moral Essays, Epistle III – On the Use of Riches. In: Aikin: Selected works, 378.

[lxxiv] "ὁ Ζεὺς δήπου πένεται." Hall, F. W. and W. M. Geldart (ed.): Aristophanes. Aristophanis Comoediae, Plutus (Oxford: Clarendon Press, 1907), 582; Online: Crane, G. R. – Perseus Digital Library (o. J.): "Aristophanes, Plutus – F.W. Hall and W.M. Geldart, Ed." URL: http://www.-perseus.tufts.edu/hopper/text?doc=Perseus%3Atext%3A1999.01.0039-%3Acard%3D535 (11.02.2011); dt.: "Zeus, wahrhaftig, ist arm." Lindemann, E. (Übers.): Plutos, ein Lustspiel des Aristophanes (Leipzig: Knobloch, 1832), 98:578. Online: Google Bücher (06.06.2006): Plutos: ein Lustspeil de Artisophanes (sic!) (Google ebook", URL: http://books.-google.de/books?id=ItQvBYH8_LMC&pg=PA98#v=onepage&q&f=false (11.02.2011).

[lxxv] "ὅτι τοῦ Πλούτου ... καὶ τήν ἰδέαν." Ibid., 558f. bzw. „daß bessere Menschen ... als an Geiste." Ibid., 96:554f.

[lxxvi] „Hayek leitet das ... Freund machen." Wikipedia (07.12.2010): „Catallactics", URL: http://en.wikipedia.org/w/index.php?title=Catallactics&oldid=401000868 (14.03.2011).

[lxxvii] Wathelys Namensgebung. Cook and Wedderburn: Works of John Ruskin, 17:92.

[lxxviii] Zacharias Rolle. Cook and Wedderburn: Works of John Ruskin, 17:93.

[lxxix] „αὕτη ἡ ... τῆ γῆ." Η ΠΑΛΑΙΑ ΔΙΑΘΗΚΗ ΚΑΤΑ ΤΟΥΣ ΕΒΔΟΜΕΚΟΝΤΑ. (Oxonii [Oxford]: E Typographeo Clarendoniano [Clarendon Press],

1817), 5:93. Online: Google Bücher (17.02.2010): "Hē Palaia Diathēkē kata tous Hebdomēkonta, Band 5 (Google eBook)", URL: http://books.-google.de/books?id=1S1MAAAAYAAJ&pg=PP7#v=onepage&q&f=false (04.03.2011).

[lxxx] griechische Jahreszeiten. Goebel, W. – oper *one* – Wörterbuch alt-griechisch – deutsch (o. J.): „ὥρα", URL: http://www.operone.de/griech/-wadinhalt.html (21.03.2011) oder Pape, W.: *Handwörterbuch der griechischen Sprache* (Braunschweig: Vieweg & Sohn, 1914), 2:1412-1413. Online: Contumax (o. J.): „Pape: Handwörterbuch der griechischen Sprache - ὥρα", URL: http://www.zeno.org/Pape-1880/A/%E1%BD%A5%CF%81%CE%B1 (21.03.2011).

[lxxxi] *Caput mortuum.* Cook and Wedderburn: *Works of John Ruskin,* 17:98.

[lxxxii] Bologneser Tränen. Wikipedia (21.03.2011): Bologneser Träne, URL: http://de.wikipedia.org/w/index.php?title=Bologneser_Tr%C3%A4ne&oldi d=86751951 (25.07.2011).

[lxxxiii] *"Novo, gelidus … sulco attritus splendescere uomer."* Greenough, J. B.: *Bucolics, Aeneid, and Georgics of Vergil* (Boston: Ginn & Co., 1900). 1:43–46; Online: The Latin Library (o. J.): "P. Vergili Maro Georgicon Li-ber Primvs", URL: http://www.thelatinlibrary.com/vergil/geo1.shtml (14.02.2011), 1:43–46.

[lxxxiv] „Früh im Lenz … in die Furche gescheuert." Vergil und J. H. Voß (Übers.): *Ländliche Gedichte* (Leipzig: Reclam, 1927); Online: Projekt Gutenberg-DE (30.04.2002): „Vergil – Landbau – Übersetzt von Heinrich Voß", URL: http://gutenberg.spiegel.de/vergil/georgica/georgica.xml (21.02.2011), 1:43-46.

[lxxxv] Ixion. Wikipedia (24.12.2010): „Ixion (König der Lapither)", URL: http://de.wikipedia.org/w/index.php?title=Ixion_(K%C3%B6nig_der_Lapit her)&oldid=83015000 (21.02.2011).

[lxxxvi] Demas. Online: Projekt Gutenberg (12.06.2008): „The Project Gu-tenberg EBook of The Pilgrim's Progress, by John Bunyan" URL: http://-www.gutenberg.org/catalog/world/readfile?fk_files=1634900&pageno=1 (20.02.2011), 267–273.

[lxxxvii] „Befestigung des Himmels … in Babylon." Schnitzer, K. F. (Übers.): *Ausgewählte Komödien des Aristophanes* (Stuttgart: Metzler, 1854), 252: 550-552. Online: Google Bücher (06.09.2007): „Ausgewählte Komödien des Aristophanes (Google eBook)" URL: http://books.google.de/books?-id=wM4MAAAAYAAJ&dq=aristophanes%20v%C3%B6gel&pg=PA252#v =onepage&q&f=false (21.02.2011).

[lxxxviii] „Wie die von ... wenn der Mastbaum bricht." Hertz: *Göttliche Komödie.* 33, Hölle VII:13f.

[lxxxix] "*e con ... raccolse.*" Online: The Electronic Literature Foundation (2005–2007): "Dante Alighieri – The Divine Comedy – Research Edition", URL: http://www.divinecomedy.org/divine_comedy.html (21.02.2011), Inferno XVII, 105.

[xc] „Und zog die Luft ... der Pfoten Tanz." Hertz: *Die Göttliche Komödie.* 77, Hölle XVII:105.

[xci] Nachfrage nach Gütern ... I. v. 9, et seq. Mill: *Grundsätze,* 1:97ff; *Principles,* 1:114ff.

[xcii] „Der Konsument ... ihren Arbeitslohn." Ibid., 1:100; engl. 1:116.

[xciii] "auf das Kapital ... Kunden schon." Ibid., 1:81f; engl. 1:98

[xciv] *„We live of admiration ... of being we ascent."* Wordsworth, W.: *The excursion – Being a Portion of The Recluse – A Poem.* (London: Longman, Hurst, Rees, Orme, and Brown, 1814), 175; Online: Google Bücher (08.08.2007): The excursion: being a portion of The recluse, a poem (Google eBook)", URL: http://books.google.de/books?id=T18JAAAAQAAJ&lpg=PA175&ots=cKR DXiH517&dq=wordsworth%20%22Live%20by%20admiration%2C%20ho pe%2C%20and%20love%22&pg=PA175#v=onepage&q&f=false (28.02.2007).

[xcv] Mill, III. i. 5. Mill: *Grundsätze,* 1:459; *Principles,* 1:543.

[xcvi] „Der natürliche Preis ... Gelde kaufen kann." Ricardo: *Über die Grundsätze,* 81; *On the Principles,* 86.

[xcvii] Apfel von Sodom. Emboden, W. A.: *Bizarre plants – Magical, Monstrous, Mythical* (New York: Macmillian, 1974); Online: Google Bücher (o. J.): Bizarre plants: magical, monstrous, mythical", URL: http://books.google.de/books?ei=hwdDTa_iMcOUswa6sN3CDg&ct=resul t&id=mMg9AAAAIAAJ&dq=Emboden%2C+William+A+Bizarre+plants&q =sodom (04.03.2011).

[xcviii] „Wie man erzählt ... Rauch und Aschenstaub auf." Wikisource (06.02.2011): „Flavius Josephus – Juedischer Krieg/Buch IV 8-11", URL: http://de.wikisource.org/w/index.php?title=Juedischer_Krieg/Buch_IV_8-11&oldid=1451637 (21.02.2011), IV, 8:484.

[xcix] Apfel von Sodom. Online: USDA, ARS – GRIN (02.03.2011): "*Calotropis procera* (Aiton) W. T. Aiton", URL: http://www.ars-grin.gov/cgi-bin/npgs/html/taxon.pl?8653 (02.03.2011).

c "ὅσον ἐν ... ὄνειαρ." Hesiod and H. G. Evelyn-Whith (transl.). *The Homeric Hymns and Homerica – Works and Days*. (London, William Heinemann, 1914); Online: Perseus Digital Library (w. y.). "Hesiod, Works and Days", URL: http://www.perseus.tufts.edu/hopper/text?doc=Perseus%3Atext%3A1999.01.0132%3Acard%3D11 (15.02.2011); bzw. dt.: Hesiod und J. H. Voß (Übers.): *Hesoids Werke* (Tübingen: Mohr Siebeck, 1911), I:41; Online: Projekt Gutenberg-DE (01.07.2002): "Hesiod – Hauslehren – (Ἔργα καὶ ʹημέραι), URL: http://gutenberg.spiegel.de/archiv/hesiod/hauslehr/hauslehr.xml (21.02.2011), I:41.

ci „Man muss erkennen ... welche Kräfte ihr habt." Shri Mataji Nirmala Devi: *The Subtle Slavery* (eigene Übersetzung) (Birmingham: Sahaja-Yoga-Materialien, 09.07.1982). Online: sahajayogapp (05.02.2011): "820709 Confusion, the Subtle Slavery (en subtitles), Birmingham", URL: http://www.youtube.com/watch?v=nlu5VFZfh6o (30.05.2011).

cii „es eine absolute Wahrheit ... jedem erfahren werden kann." Shri Mataji Nirmala Devi: *Das Metamoderne Zeitalter* (Dallgow: Sahaja Yoga Germany e. V. (Hrsg.), 2000), 14; engl. Originalausgabe: Shri Mataji Nirmala Devi: *The Meta Modern Era* (Pune: Vishwa Nirmala Dharma (ed.), 1996), 17.

ciii Für eine ausführliche Beschreibung von Symbolen und Referenzen des subtilen Systems in verschiedenen Kulturen und Religionen und ihre Bedeutung s. Costian, D.: *Bible Enlightened: Religions and Yoga* (Baltimore: PublishAmerica, 2003).

civ Ruskins Einfluss auf Gandhi. Gandhi. M. K.: AN AUTOBIOGRAPHY OR The story of my experiments with truth (Ahmedabad: Navajivan, 1927), chap. 95. Online: Wikilivres Autors (27.07.2006): "The Story of My Experiments with Truth/Part IV/The Magic Spell of a Book", URL: http://wikilivres.info/w/index.php?title=The_Story_of_My_Experiments_with_Truth/Part_IV/The_Magic_Spell_of_a_Book&oldid=3216 (21.06.20011).

cv Shri Mataji Nirmala Devi. Vishwa Nirmala Dharma (2005): „About Shri Mataji Nirmala Devi", URL: http://www.sahajayoga.org/shrimataji (17.03.2011).

cvi „Im feinsinnigeren ... das Gute im Menschen." Shri Mataji Nirmala Devi: *Das Metamoderne Zeitalter*, 206.

cvii Das subtile System des Menschen. Ibid., 233; [Beschriftung ergänzt].

cviii Beschreibung des subtilen Systems. Torrey, E. F. und U. David (Übers.): *Die freudsche Fehlleistung – Der destruktive Einfluss der freud-*

schen Theorie auf die amerikanische und westliche Kultur und Denkwei-se (Norderstedt: Books on Demand, 2010), 18-20.